《翻轉中的金門》序

《金門日報》的副刊闢有《浯江夜話》一個欄目,施志勝,是這個欄目的作者中之一。

2007年下半年,我正受聘於東吳大學。志勝說,他想到我的名下讀博士。2008秋,正式被錄取為福建師範大學文學院的博士生。當然,我也沒有忘提醒志勝:目前臺灣並不承認大陸學歷,再說敝校並不是「985」。志勝說,我是認准老師來求學的,是不是「985」並不重要;承認不承認學歷,並不重要,將來會承認的。值得一提的是,當志勝成為博士生之時,她的女兒正在廈門大學外文系讀二年級。

志勝出生在金門,軍校卒業後長期供職軍中。最初的職位是輔導長,一直幹到資深上校退伍。志勝背上行囊,行萬里路,跑了大半個中國。志勝一米八的個頭,挺拔,健碩,不僅頗具軍人氣質,幹練、果決、豪爽,而一旦卡拉OK起來,專注投入,歌喉、動作、神態具佳,有時還讓人忍俊不禁。他做起事,一絲不苟,非常細心。如果大陸的同學需要臺灣的文獻資料,志勝也樂意幫助。

去年我問志勝,「浯江夜話」你寫了多少篇了,為何不挑選一些你比較滿意的文章結集出版?今年三月,我到台授業。志勝說,書已經編好,又獲得金門縣文化局的補助,出版前夕,志勝發來文稿並問序。

這本書的中心話題是金門。金門,民國四年建縣;建縣前,屬於同安縣。明清易代之際,東南抗清勢力以魯王朱以海為旗幟相號召,魯王駐於此;鄭成功的抗清隊伍也以金門、廈門為踞地。1949年10月,兩岸對峙,金門縣在行政上屬臺灣地區管轄。金門離大陸最近,在炮

火紛飛的年代，金門既然是「反共前哨」，是「反攻大陸的跳板」，成千上萬的炮彈也就飛到這個小島。幾十年過去了，每次我回到金門，看到殘陽中的故壘，還不免泛起一種歷史蒼涼之感，對於長期生活在金門

陳慶元和施志勝合影

的民眾來說，他們的感受更是難於言喻的。我相信，志勝對金門的過去，也會有這種感受，但是志勝並不沉緬於過去，而是從過去「轉身」而面向未來。這是作為時評和政論作家的敏感所在。志勝對金門的現在，對金門的未來，有許多的思考。他的文章，幾乎涉及到金門地位與兩岸的關係，「小三通」與大三通，金門廈門大橋的修建，還有金門的經濟、金門的旅遊觀光、金門的醫療、金門的航空港和碼頭的改善、金門的基礎建設，金門大學的招收陸生和大陸學籍的採認、甚至金門博彩業問題等等，表現出作者對故鄉金門的熱愛和關心。有的文章則指向文化的層面，例如談論中華文化、民間信仰，闡述漢民族的文字、閩南的方言等等，表現了作者比較深厚的學養和素養。

志勝的書將在東岸出版了，我突然閃過一個念頭，志勝的書為何不也拿到西岸出版。但是仔細一想，還真的有點困難，作為時評和政論，語境不同，考量問題的出發點也可能存在差異。我們只能期待未來。

前幾天志勝來電說，他去廈門大學參加女兒的畢業典禮。今天是六月二十日，正好是畢業典禮的日子。我們都為志勝出書高興吧！

陳慶元　2011.6.20 于福州

試上高峰窺皓月——
——施志勝《翻轉中的金門》之光與熱

施志勝與我相交近五十載，從青青子衿的國中時代直到如今，始終維持誠摯不變的友誼，正所謂「彼無望德，此無示恩，窮交所以能長。」(《醉古堂劍掃‧卷一》)其間我們各自走了不同的路徑，我讀中文系，他則投筆從戎，讀了軍校，報效國家；幾年前告別軍旅生涯之後，繼續深造，取得淡江戰略研究所碩士學位，爾後，他作學問之心殷切，更上層樓，考進福建師範大學中文博士班。日前，當施志勝這冊《翻轉中的金門》斑爛多姿的論述文集展現在我眼前時，我既驚又喜，細予拜讀之後，更要對這一位至交好友投以欽敬的目光。

文集收錄的是他擔任金門日報主筆時的百篇文章，包括社論及浯江夜話專欄。風格表現出一種「既銳利又寬厚的基調」我稱之為「施志勝獨特筆法」。其所論述的題材，則體現了他對家國鄉土綿長不懈的愛，令人讀之動容。我不由想起二十年前，讀《河殤》時的一個片段，那是知名作家鄭義騎單車旅遊晉陝峽谷時，在某個小村子聽到的故事。原來這個村子裡的百姓依黃河水畔營生，航運衰頹後，政府將他們遷移到別處，分地、蓋房，過不了幾年，這些人卻莫名其妙地都回到自己原來的村子，又找到以前的窰洞住下。「我怎麼也不能理解，這是出於一種甚麼樣後的心理？」「後來經過一個長時期的思索，我體會到，這是人與土地間一種永遠說不清楚的感情上的聯繫、血肉般的聯繫。」鄭義自問自答。

　　是的，施志勝這些論述，體現出他對原鄉的血肉聯繫，自然筆鋒就常帶著豐富情感，這是施氏筆法風格的第二個獨特性。

　　西班牙大哲烏納穆諾倡議一種生命的「熱」的生之哲學態度，有別於那種純粹理智的「光」的哲學。有些學者則「學問壼中日月長」浸淫久了，便喪失人的生氣。施志勝的博士論文以媽祖信仰為研究素材，竊以為，學術論述每易淪入偏於「光」的生命情境，我確信，施志勝必能以其「熱」的情懷及筆法，陶鑄其文而成就其一己文風於不凡。王國維〈浣溪沙〉有云：「……上方孤磬定行雲，試上高峰窺皓月。」我期待施博士再不多時躍上峰頂的大局面。

　　　　　　　　　　　　　　黃克全 2011.06.21.于台北

翻轉中的金門

2006年開春時節，與金門故舊黃昭能博士相約前往中壢探訪以寫作為業的老同學黃克全，許是機緣巧合，得以結識在報導文學著作等身、獲獎無數的楊樹清與藝文工作者許水富二位鄉賢，以及來自宜蘭以攝影見長的鐘永和先生。

克全兄帶大夥到貿易七村一家雲南館子，菜餚具有滇、緬、泰三地混雜、酸辣的特色。水富兄提供了金門陳年佳釀，在那雨中帶著寒意的初春季節，不但溫暖了大夥的心窩，熱絡的氣氛讓彼此初識的陌生感瞬間消失，那鍋熱騰騰的「過橋米線」，至今仍然回味無窮。

那日席間，楊樹清提到金門日報「浯江夜話」專欄即將復出，因事不關己，並不以為意。那知次日午後，克全兄來電，邀我加入專欄筆陣，此約出乎我的預期，一來是他提到之筆陣成員中，分別具有新聞、文學、藝術、宗教、文史等專業背景，而且都是各該領域碩彥之士；再者，我原是拿「槍桿子」的軍人，寫作非我專業，要我搖「筆桿子」，恐難以勝任，尤其是專欄文章，乃以考慮二、三天為緩兵之計。未料當天晚上，克全兄再度來電，希望我能以在研究所攻讀的領域，從兩岸軍事、政治、文化等幾個面向來著墨，不好推辭，就這樣成為筆陣的一員。

受邀寫「方塊文章」是大姑娘上花轎——頭一遭，原擬以筆名刊登，克全兄告訴我，楊樹清希望大家都用本名，這是負責任的表現，同時也是給自己一種挑戰。首篇登場的是「兩岸關係話從頭」，刊出時，人在福建安溪老家進香，金門幾位老同學紛紛來電垂詢，他們心

地寬厚，褒多貶少。不知不覺間，投入筆陣已跨入第五年，箇中滋味點滴在心，愈發相信克全兄所說的「寫作是搏命」，但是，對我這個初次踏入寫作這一行的人來說，即使是「搏命」，也要把握住這份難得的機緣。

2007年5月，金門日報社長易人，受代理總編輯李福井先生之邀，加入社論主筆。對我來說這是一個新的嘗試和挑戰，因為社論文章是代表報社的立場，而官方報更肩負有政令宣導的責任，同時涉及公共議題的評論與時政之針砭，因此論題擴及地區教育、文化、醫療、經濟建設、兩岸關係等諸層面，是難得的經驗。2009年8月，為了專注於自己的博士論文資料蒐集與寫作，乃向鄭總編輯大行兄告假迄今。

2010年初某日，承蒙我在福建師範大學的博士導師陳慶元教授指點，要我挑選在《金門日報》的社論及浯江夜話專欄中比較滿意的文章集結出版。遂由檔案中兩百多篇文稿選取百餘篇，取材著眼於對金門鄉土文化的關懷；對新世紀以來，金門面對的機遇與挑戰，如何經營與發展，本著濃郁的鄉土情懷提出一些看法，內容概分為經濟篇、政論篇、教育文化篇、兩岸交流篇及觀察省思篇等五個部份。並以《翻轉中的金門》為名，申請金門縣文化局年度「贊助地方文獻出版」，獲同意補助。

踏入「浯江夜話」專欄，得之於黃克全、楊樹清的機緣以及金門日報提供園地。而本書之出版，尤要感謝恩師陳慶元教授之啟迪，金門縣文化局之贊助，同時對於在過程中幫助我的親朋好友們，一併表達衷心感激之意。

施志勝

目次

翻轉中的金門

經濟篇

政論篇

目次

兩岸交流篇

教育文化篇

目次

觀察省思篇

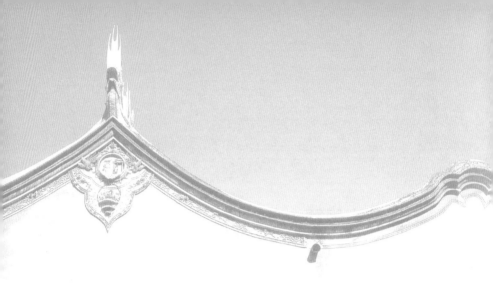

經濟篇

翻轉中的金門

金門，曾經是「反共的最前哨」，

曾經是「反攻大陸的跳板」，

長久以來，

似乎走不出當附庸和扮演工具性角色的宿命。

對小三通中轉政策的期盼與看法

　　李炷烽縣長日前接受東森電視台專訪時表示：「小三通開放中轉，金門就翻轉」。認為在此歷史機遇有利金門發展的關鍵期，只要中央肯給不必花錢的政策，像是開放小三通中轉政策，有了人來人往，絕對能讓金門經濟市場復甦，翻轉起來。誠哉斯言，一語道破了金門地區的發展，受到中央政策的影響至深且鉅。我們對李縣長秉持其宏觀的施政理念，為了金門的長遠發展，也為了讓金門「站起來，走出去」誠摯的發聲，表示支持與肯定，並籲請中央政府重視金門地區民眾實際需求與殷殷期盼。

　　回顧當年，政府為了促進金馬離島地區之建設與發展，以及增進兩岸良性互動，改善兩岸關係之目的。依據「試辦金門馬祖與大陸地區通航實施辦法」，於九十年元月一日，啟動了兩岸小三通，也為金門的經濟發展帶來了一絲曙光。六年多來，就金門與廈門雙方航運往來，從第一年的一一七航次，到九十五年的三五三〇航次(含貨船)，成長了三十倍。在人員往來方面，第一年為一〇六八九人次，九十五年為三一三三九九人次，成長亦近三十倍。如予累計，自九十年首航迄今(九十六)年三月底止，雙方航運往來計一〇八六六航次；人員往來九八五一六三人次(金門人去九一〇〇三三，大陸人來七五一三〇)。數據顯示，小三通金廈航線已發展為雙方往來的黃金渠道。最大受惠者為台商，金門受益有限，這也是讓金門鄉親期待深，但失落大的主要原因。

政府當年讓小三通這樣小鼻子、小眼睛的上路，是在陳水扁總統「新中間路線」思維下，為突破兩岸關係，不得不做的一項權宜性安排。所以，在試辦時就為小三通量身訂製了安全、秩序、漸進開放，看起來冠冕堂皇的三個基本原則。幾年下來，這條航線方便了兩岸民間的交流，引發台灣民眾借道金門往返兩岸的需求，尤其，開放人貨中轉將更為金門的經濟發展帶來利多，但是，政策的開放必須仰賴中央的立場和態度。如今，兩岸政府間往來陷於停滯，政務推行又以政治正確做判斷，李縣長受訪時指出「政府在台灣海峽築起深不可測的高牆，而限制了人貨中轉和金門的發展」。這是有感而發，也摻雜著幾許的無奈！

　　金門，曾經是「反共的最前哨」，曾經是「反攻大陸的跳板」，長久以來，似乎走不出當附庸和扮演工具性角色的宿命。當年，小三通也是政府為兩岸關係發展政策考量的「試辦點」。如今，由於政治大環境使然，兩岸仍然存在許多政治爭論與互信不足，小三通或許可以讓金門為兩岸關係發展帶來一些契機與變數。眼前，金門仍然希望作為兩岸相互磨合試探的平台，企盼開放小三通人貨中轉，為金門帶來經濟效益，也同時促進兩岸人民交流與瞭解的深化。但是關鍵在於政府的大陸政策，是採開放政策，或者是繼續以敵對的態度鎖國到底？

　　大陸政策如何走？小三通人貨中轉開放與否？這些政策操之在人。此刻，在民進黨政府內閣第六度改組之際，大陸政策的緊縮，已可預見，金門的期盼恐又將落空。然而政策的變化，有時就在瞬息之間。對金門而言，如果條件成熟，小三通人貨中轉政策成型了，操之在我的部份，我們必須自問：「金門，妳準備好了嗎？」

對發展「閩、廈、金、澎旅遊圈」的幾點看法

　　大陸地區福建省副省長王美香，本月十一日率領一百一十七人的交流考察團，經金門小三通中轉到澎湖交流考察，為開通福建省民眾旅遊澎湖探路。這是我方宣布澎湖納入小三通範圍後，第一個經金門中轉到澎湖的大陸官方考察團，具有兩岸交流發展更邁進一步的指標性意義。對金門來說，也將帶來旅遊發展的利多。

　　王美香副省長是以「福建省閩台交流協會」名譽會長身分，率領由該省人民政府官員、旅遊業者組成的交流考察團，赴澎湖交流考察。有關何時開通澎湖遊，她表示「不會太久」。因此一旦這條旅遊航線開通，旅客必須經金門中轉，將帶動金門觀光旅遊事業的發展，為地區民眾帶來商機。這條旅遊路線可界定為「閩、廈、金、澎旅遊圈」，並盼儘快開通。

　　李炷烽縣長於去(九十五)年在廈門舉辦的「第二屆海峽旅遊博覽會」中，為打響金門品牌，促銷金門觀光，讓金門的地方經濟有發展的機會，提出「閩、廈、金、台旅遊圈」的構想和訴求。當時，本報曾以「為閩、廈、金、台旅遊圈發展做好準備」為題，以「提升入出境的購物機能」、「精緻化短期遊程」、「建構特色的住宿服務及個性化的旅遊需求」等三點意見，提請公部門及地區旅遊業者參考。「閩、廈、金、澎旅遊圈」可視為李縣長「閩、廈、金、台旅遊圈」之一環，在即將開通之際，我們要重複斯言，進一步提出幾點看法。

　　第一、「閩、廈、金、澎旅遊圈」是否開通，其主導權在大陸方

面。冀望刻於金、澎考察行程的王美香副省長，根據這次考察結果的評估，提請權責部門審批，儘快做出開放福建省民眾澎湖遊的政策決定，以利雙方交流互訪、觀光旅遊的進一步發展，期盼成為兩岸觀光旅遊新的一條「黃金路線」。

　　第二、為求「閩、廈、金、澎旅遊圈」的落實，希望縣府相關單位，基於促進地區觀光旅遊發展之著眼，輔導、協助地區旅行公會等組織，與大陸福建省、廈門市、澎湖縣等同業之相關組織，建立協調合作平台和整合機制，籌組「閩、廈、金、澎旅遊業聯合組織」，藉以推動這條旅遊路線的策略聯盟，共創無限商機。

　　第三、大陸方面開放福建省民眾澎湖遊，必然經金門中轉，為免落入現行過境旅客「足不沾地」、「只在機場、碼頭使用廁所」的過境情境，無助地區觀光事業發展。殷望縣府相關部門，輔導、協助地區業者，透過前述組織，在規劃旅遊行程中，納入金門的觀光景點，例如：金門兩天一夜、澎湖三天兩夜之旅遊配套行程。如此，才能有助於地區觀光事業發展，繁榮地區經濟。

　　第四、要將「閩、廈、金、澎旅遊圈」打造為金門「過境經濟」的典範，就必須把地區過境的角色扮演好，才能營造更有利的觀光機會。從這個角度思考，我們認為，完善的服務態度及優質旅遊品質，才是發展觀光旅遊的硬道理。如果只圖賺取一次過境旅客的利潤，「殺雞取卵」式的經營手法，將使金門的旅遊業更黯淡無光。

　　總之，「閩、廈、金、澎旅遊圈」成型與否，客觀條件操之在人，取決於大陸方面的政策決定。主觀條件操之在我，基於前述幾點看法，我們要再次強調，落實完善的服務態度，提升優質的旅遊品質，事關金門將來的觀光事業發展之榮枯，也是地區發展經濟的主要指標，凡此，均有賴公部門及地區業者共同努力，以期有成！

對金酒公司整體營運的幾點看法

金酒公司加強大陸市場拓銷之力度,自去年十一月即開始辦理「純糧固態發酵白酒」標誌認證工作,經過了八個多月的努力,已進入最後的「現場審定」階段。負責這項標誌認證審查、核定的大陸「中國食品工業協會白酒專業委員會」,日前由該會秘書長馬勇率員抵金,在對金酒公司進行了生產環境、生產設備、生產資料等十一個重要項目的現場、實質審查後,對金酒公司保留、保存中國傳統古老釀製方法至表肯定,並表示審查程序順利的話,估計最快在八月底金酒公司即可獲得這個標誌。這項訊息讓人振奮,同時,更讓鄉親們充滿著期待!

金酒公司是金門產業的重要支柱,也是金門經濟收入的主要來源,其年盈餘挹注縣庫,占縣政歲入的四成以上,因而有金門「金雞母」的雅號。在多元競爭的時代,以及台灣即將開放白酒進口,預期面臨市場競爭的挑戰,金酒公司以積極的態度,對整體發展顯現出旺盛的企圖心,採取了諸多因應措施,也獲得相當的成就,值得給予掌聲與鼓勵。此次,金酒公司向大陸申請白酒標誌認證工作,其積極作為,回應了鄉親們的期待,在此,預祝申證成功。

「中國食品工業協會」於二○○五年五月開始推行「純糧固態發酵白酒」標誌,該標誌代表「優質、高檔」產品身分外,並獲得大陸國家工商總局的註冊證明,獲得認證的產品,即擁有中國國家級的雙重保障。就白酒製造業者言,能獲得此項認證,是產品品質保證,也是一項殊榮。據報導,大陸目前三萬多家酒廠中,只有三十餘家、十三

個品牌的白酒獲得這項認證。金酒公司這次在大陸國家級的白酒專家，經過嚴格的審定程序，如果獲得認證，得以與大陸茅台等十三個中國名酒佳釀齊名，固然是台灣白酒獲得此一殊榮的第一家酒廠，意義非凡。在等待認證結果出爐之際，我們以提升金酒品牌形象之期盼，表達幾點看法。

首先，白酒品質之良窳，難逃善於品酒者之感官，而以其入口之感覺為最。在台灣，白酒喜好者，以「金門高粱酒」為首選居多，在於它入喉時那股香醇濃烈的味道；善飲者甚至可以品出何為上品。因此，酒的品質要能保持穩定的純度，才能維繫消費者信心，確保「優質、高檔」的品牌信譽和企業形象。也就是說，品質是企業形象的最佳保障。

其次，金酒進軍大陸已近三年，業績雖然難如預期，但是，大陸市場龐大，存在著無限商機。因此，拓展大陸市場，必須有良好的市場嗅覺和行銷策略。大陸白酒市場的佔有率，可用地區或省份做市場調查，例如：北方、西南地區的人是否較喜好白酒？酒精度之要求如何？這些相關項目必須以專業角度去設計，調查數據才能做為因地制宜、行銷策略參酌運用。

再者，金酒外銷大陸，目前雖已取得商標專利登記，如果進一步獲得「純糧固態發酵白酒」的認證，一旦市場打開，進入暢銷白酒之列，在大陸的「優質、高檔」品牌形象，同時潛藏著被仿冒的危機。以目前廈門市中山路商圈來說，走訪商家所見，較為搶手的「八二三紀念酒」，其包裝之粗糙，內行人一看便知道是假貨，但對當地消費者來說，並無辨識能力，易於受騙，因其酒質低劣，對正牌金酒形象打擊至深，必須預謀因應之道。

金酒公司獲得白酒認證標章可以預期，前述看法亦僅略舉大端，期盼金酒公司在既有基礎上，多面向去思考整體營運策略，俾能讓金門佳釀，以穩健的腳步向大陸、向世界進軍。

對金門發展博弈產業的看法

　　報載政府擬立新法開放觀光賭場,並指出行政院經建會研議規劃將釋出賭場執照給澎湖、屏東、嘉義等三個縣。有關開放賭場政策,前行政院長蘇貞昌曾於今年三月下旬通過的九六至九九年離島第二期四年綜合計畫,提出離島開放博弈事業的規劃。再對照謝長廷近期出訪新加坡,對當地博弈產業發表看法時,提出其在閣揆任內就贊成金門及澎湖設置博弈特區的主張。這次將屏東、嘉義列在規劃名單的消息來的突兀,引來有選舉考量之評。

　　根據日前台灣某家報紙的報導指出「金門府會為了該不該爭取設立賭場不同調⋯⋯」,相當程度的反映了府會對這個議題立場上的差異。金門縣政府於年初委託國立金門技術學院協助辦理「金門縣政府九十六年度縣政需求民意調查」,將博弈產業列為十項議題之一,日前,縣府公布調查結果顯示,地區民眾對有關博弈產業問題41.2%贊成,50.8%不贊成,8%無意見或不知道;在優先推動政策選項中,博弈產業卻以11.1%的比率排序第三。另在公教人員問卷調查部份,對博弈產業議題,40.7%贊成,54%不贊成,5.3%無意見或不知道;同時,博弈產業亦未在優先推動的政策前三個排序中。這些數據顯示,民眾與公務員對這個議題的意見相近,但是,從優先政策推動的排序來看,是否可以解讀為民眾與縣議會的立場一致,認為博弈產業是值得推動的呢?

　　行政院經建會日前的一個跨國研究報告指出,全球一九七個國

家中有一三六國開放賭場。因此,博弈產業被列入觀光事業休閒育樂類發展項目是世界的潮流與趨勢。以澳門的博弈產業發展經驗來看,澳門自一九九九年十二月回歸中國,由當時的一家賭場發展到現在的廿六家,據澳門政府公佈的資料,二〇〇六年到澳門觀光人數二二〇〇萬人次,是澳門人口的四十四倍;博弈的毛收入五五八億澳幣,首度超越美國賭城阿拉斯加,躍升為世界第一;政府稅收二七三億澳幣,其中博弈彩稅為一九七億元,占年稅收的四分之三,是澳門政府財政的重要來源。

澳門靠博彩業繁榮背後的隱憂,是治安與社會風氣的問題。但是,走訪該地高士德馬路周邊的華人傳統社區,可以發現,以觀光博彩業為主的澳門,民眾生活方式雖然因而改變,社會價值體系受到衝擊,但卻仍然保有中國傳統社會的倫理道德觀念。他們以發展經濟為目的、造福於民的同時,對於义化觀光產業及傳統倫理道德的維護亦盡心盡力。亦即提供世界各地的觀光客到澳門吃喝玩樂,賺取財富,讓人民安居樂業、豐衣足食,並能兼顧本土文化觀光產業特性與傳統社群價值體系的維繫,其整體配套措施如何?有無值得借鏡之處?可以提供我們一個新的思考方向。

開設賭場,對有著純樸善良與敦厚民風的金門來說,有人以「洪水猛獸」視之,這樣的看法應予尊重。今以政府開放賭場執照之聲再現,基於言責,期盼公部門站在金門整體經濟利益、民眾福祉的立場,結合李縣長「建構國際觀光休閒島嶼」的施政構想,將博弈產業納入觀光休閒的項目,研擬具體配套措施與說帖,廣開言路,探求真實民意,從而評估「要」或「不要」博弈產業,作為是否向中央爭取設置賭場的依據。

請顧好金門的門面

金門是孤懸於大陸東南邊陲的小島，機場是對外空運交通的重要場域，以台金航線為主；因緣際會，水頭碼頭近年也成了兩岸小三通的重要渠道。不論機場或是碼頭，承受對外交通、旅客入出境的任務，它們代表著一個地方的門面，所以，尚義機場和水頭碼頭，可視之為金門的兩個門面；因此，機場或碼頭的管理，航務作業關係著服務品質的良窳，來往旅客也以此作為對這個地方的第一印象，對於純粹過境者，更可能就是他們根深蒂固的刻板印象。

台灣、金門、廈門，循小三通乘飛機、搭輪船來往二十幾趟，曾有多次金門濃霧籠罩，被困松山與尚義機場，甚至飛臨金門上空又折回台北的經驗；也曾經歷受阻於水頭與和平碼頭的情況，這些不愉快的經驗隨著時間逐漸淡忘，但是最近這趟旅程，所聞所見，令人「印象深刻」。第一個場景：二月十四日下午，於尚義機場。班機抵金，航空站行李大廳轉盤故障，受指引至航廈出口處領行李，由於各航空公司不同航線在同一時段抵達，旅客數百人，領取行李者逐車詢問、疲於奔命，尤其出口處乃交通要道，過往人車雜處，亂成一團，險象環生，雖有航警協助維持秩序，旅客仍然怨聲載道，這些亂象顯示機場管理欠佳，應變措施不足，類此情況，若於航廈出口右側較空曠處，臨時劃為卸貨區，可能較為理想。

第二個場景：二月十五日上午於水頭碼頭。由於前一天下午船隻停航之故，一大清早旅客大廳擠滿人潮，吾等一行五人已先預訂第一

班船票,見平日購票櫃台前排成三行,乃緊跟在後,近八點,卻不見動靜,心覺有異,前去打聽,始知預訂票者在另一側櫃台窗口付款取票,若非及時發現,再過十分鐘船票就被取消,似此旅客爆滿情況,若能廣播提醒比較妥當。此時,有一位老榮民,因昨日停航船票已失效,故而大吵大鬧,氣急敗壞地嚷嚷「×你媽的×,老子當年大江南北打共匪,死都不怕,你們不給票,我就跟你們拚了……。」咆哮不停,引起一陣騷動。

第三個場景:二月十九日下午於尚義機場。機場剛剛宣布關閉,望著電子看板上的航班資訊,愈近黃昏希望愈渺茫,旅遊團、進香團、散客等望天興嘆,抱怨連連,欲訂次日機位卻已班班客滿,有部分旅客氣呼呼地數落本地旅遊、住宿品質,並撂話說寧可趕赴水頭碼頭搭船再去廈門也不願在金門留宿,想要推薦金門的好,此時此地實在不宜。

第四個場景:二月二十日於尚義機場。雖有薄霧但飛航正常;七點出頭,旅客已擠滿大廳,由於昨日午後停飛,累積旅客約達千人之眾,各航空公司櫃台前報到旅客與補位旅客夾雜,簡直擠爆了;尤其各航空公司登記補位時間都訂在當天第一個航班前一小時才開始,欲補位旅客排隊登記者,先立榮公司、次復興公司,華信航空公告登記時間為八點三十分,這時才七點半,排隊等候登記者大排長龍,已經排到郵局的前面,此際,其他兩家公司出境旅客準備托運行李,必須經過華信櫃台前,混亂情況令人嘆為觀止,本地鄉親習以為常,只是表情木然;有少數外地旅客憤怒寫在臉上,怒氣發自口中,閩南語的國罵脫口而出,大罵吃公家飯的人不管事,各航空公司第一線的工作人員及航站服務台的小姐都成為這些不滿旅客的出氣對象,真是情何以堪!

霧鎖金門使海空交通受阻是霧季期間常有的事情,航站人員對

於機場關閉、封港都已司空見慣，或許不以為意；但是，對於歸心似箭的旅客，神色焦慮、面帶愁容，甚至有些情緒性言詞或非理性行為，也是人情之常。此次身歷四個場景，旁觀這些亂象，感覺有損金門的顏面，心想，吃公糧的人及航運業者，雖然無法改變天候不良海空交通受阻，以及機場、碼頭空間不足的事實，但是，對於目前因停飛、停航時旅客大廳這些亂象，怎麼從強化管理機制、提升服務品質著手，應該有值得努力與改善的空間，凡此，均有賴大家攜手來顧好金門的門面，讓金門成為一個更美好的地方。

對「閩西南區域旅遊協作圈」之展望

　　「第三屆海峽旅遊博覽會」日前在廈門市國際會議展覽中心揭幕，金門代表團一行七十餘人由副縣長楊忠全率領參與盛會。這趟促銷金門觀光旅遊之行，代表團曾不畏舟車勞頓前進漳州和龍岩推介金門風光。同時楊忠全在「旅遊合作發展懇談會暨金門旅遊產品推介會」指出，金門將與廈門、泉州、漳州、龍岩、三明等地區形成「閩西南區域旅遊協作圈」，共同結合區域旅遊資源合作體系，將發揮策略整合的重要作用。這個訊息對金門地區觀光旅遊發展是項大利多，將帶來可觀的商機。

　　這次金門代表團在廈門亦參加了「第十一屆中國國際投資貿易洽談會」，該項洽談會與本屆旅遊博覽會同時開館，參展的金門代表團發揮了創意和巧思，以「碉堡、鸕鶿、風獅爺」為主題，全力促銷金門秋冬旅遊商品；此外，更以迷彩辣妹上場走秀等系列活動，在全場掀起人潮，展現高人氣，各家特產業者業績直飆，吸引媒體爭相報導，可以說是一次成果豐碩的促銷之旅，也完成了一次成功的國民外交，金門代表團這次參展為金門加分增色，功不可沒，值得肯定。

　　欣喜見到「閩西南區域旅遊協作圈」的構思浮現，代表團成功的搭起了這座橋樑，但是，這個「協作圈」成型與否以及今後策略整合工作，仍然有待多方努力。至於如何掌握這個契機，其操之在我的部份，包括觀光景點規劃、旅遊品質以及住宿服務等相關配套措施，對吸引遊客參觀意願居於關鍵因素，本於對地區觀光旅遊發展的關

心，提出幾點建言。

第一、 觀光遊程精緻化。金門風光具有多面向的特色，如何具體展現金門的人文風華、戰地風情、民俗風趣、自然風貌、建築風雅及特產風味等觀光資源，遊程規劃是創造觀光賣點的重要因素。因此，旅遊業者在遊程規劃時宜考慮各種不同天期、不同對象與喜好設計行程，以供選擇，尤其在配套行程上宜力求精緻化，避免走馬看花式的安排，壞了遊興。

第二、以客為尊。金門向以好客為人所稱善，旅遊業者可以站在遊客的立場與想法來思考問題；構思如何讓旅客從碼頭、機場踏上金門土地開始，在接待、行程安排、生活起居、飲食衛生、娛樂休閒及特產採購等，都能感到適意自在，而不會沿途埋怨，讓遊客有賓至如歸的感覺，返回居住地，將金門旅遊的美好記憶口耳相傳，無形中達到免費廣告的效果。

第三、以服務為導向。良好與周到的服務贏得的口碑，允為產業永續經營的根本，因此，代表業者服務品質良窳的指標性人物，是第一線的司機和導遊，二者給人的第一印象與感覺至為關鍵；車輛行駛以安全舒適為要，導遊則是整個遊程的靈魂人物，除了親切的服務態度，更須具備對地方風土人情與沿途景區、景色的豐富知識，凡能如數家珍、妙語如珠、認真解說者，讓旅客對地方特色留下深刻印象，必能博得稱讚。

以上數端是我們對地區旅遊業的期許建言。另在提升金門旅遊品質方面，公部門採取了相關的措施，力求改善，但是，我們希望公權力介入，宜以先期輔導、勸導改善為要，幫助業者共同維護商譽。同時，藉此次「第三屆海峽旅遊博覽會」的促銷活動，期望在即將到來的十月一日「黃金週」假期裡，掀起大陸民眾組團來金門旅遊的熱潮。

救救金門旅遊業的未來

　　「金門怎麼這個樣子?」是褒?是貶?從語氣上聽起來顯然是對金門的負面評價,沒錯,這是上個月第一次來金門旅遊的福建某大學一位教授對金門旅遊品質留下的負面印象,他要我回金門時向有關方面說說,不要因為少數業者的短視近利,造成旅客對金門普遍的不良印象,口耳相傳,損害了這條旅遊黃金路線的無限商機。

　　福建這所知名大學某學院利用暑假組織了一個旅遊團,透過當地旅行社,安排小三通搭客輪到金門,先乘包機去澎湖,回程遊金門的配套行程。他們對澎湖行程語多肯定,認為該地業者招待週到,服務親切,他以用餐為例做比較,在澎湖用餐,餐具潔淨,菜色不錯,每道菜上菜時有些許間隔,上前二道菜時,老闆還出來問口味合適否,服務人員在旁隨侍等待召喚,熱忱貼心的服務讓人頗為受用。在金門用餐,使用免洗餐具,菜色普通,菜、飯一口氣上桌,服務人員一個不見,不聞不問,像是要客人趕快吃完走人,讓人感覺很不舒服。

　　最讓這個旅遊團感到不滿的是,旅程中安排了太多購物行程,並且刪掉了他們在大陸簽合同協議的幾處景點。也許他們都是知識份子,比較有維護權益的觀念,向在金門接待的旅行社提出抗議,因此才取消了幾個購物點,恢復參觀兩個景點,但是按照合同上的協議,還是少了登太武山望大陸的重要行程。他們認為,這種作法真是「殺雞取卵」,絕對不利於金門旅遊業的發展。凡此,到底是本地業者與大陸合作的旅行社在行程安排與價格議定方面出了問題,還是本地

業者過於輕率，以賺一票是一票的心態任意為之，深值地區業者省思，以圖改善。

九月二日，欲搭下午四點半的船班自廈門返金，因停駛，預購末班船票，時間寬裕，乃在旅客大廳某商家喝茶聊天，適有該地出入境聯檢系統某部門主管在座，他說，小三通以來，看著金廈兩地旅客來來往往，現在有人擔心大三通以後，飛機直航，且班次增多，小三通航線會沒落或邊緣化，但他認為小三通因為交通費低廉，且金門戰地盛名與自然景觀之美，頗具競爭優勢，且金門如果再開放陸客落地簽和自由行，旅遊業將更加暢旺。根據他的觀察與瞭解，金門方面的接待能力和旅遊品質才是值得重視的問題。

我們自己說要把金門發展成為「國際觀光島」，但是，除了機場、港埠、交通、旅館等基礎建設必須儘快改善之外，更重要的是要加強旅遊接待能力的訓練和提昇服務品質，營造優質的旅遊環境。否則，「金門怎麼這個樣子？」的抱怨多了，壞了形象，毀的是金門旅遊業的未來，所以，就旅遊觀光業言，金門要變成什麼樣子，值得公部門及業者三思。

在政治紛擾中給金門一條經濟活路

　　立法院換屆後的新會期今日開議。之前，原本依憲政慣例內閣總辭並重新任命，陳水扁總統卻以行政院長任命權是總統權限，不須立院同意，退回行政院總辭案，認為自此建立新的憲政慣例，顯示陳總統為一黨之私，以安定政局為由，欲以張俊雄閣揆及原班人馬續行輔選該黨總統參選人謝長廷之實。同時，此舉亦突顯其游走憲政慣例邊緣、藐視國會新民意的獨斷行為，並不符合全民之利益。

　　一部「中華民國憲法」，幾經因人「量身訂製」的修訂，已體無完膚，法不完備或模糊地帶，對於政治道德低落、玩法弄權者提供了任意操作的空間。這次陳總統退回內閣總辭案，洋洋得意地表示，總辭案的五點裁示總共二七八個字，從此建立憲政新慣例。對此，副總統呂秀蓮與民進黨總統參選人謝長廷皆表贊同，立法院長王金平則稱合乎情理。但是憲法學者或政治評論家紛紛提出不同論述，認為退回總辭案意在彰顯我國憲政體制傾向總統制，否則，不應忽視國會新民意，形成由總統「獨自裁示」的所謂新憲政慣例的爭議，由此觀之，國民黨即使在立法院席次超過四分之三，結果還是總統獨大，他一個人說了算。

　　陳總統退回內閣總辭案，也許就如某些政治領袖說的就在情理之中，但是引發的憲政慣例爭議卻也是事實。同時，如果從時間點切入來觀察，立法院長王金平、國民黨主席吳伯雄在這件事情上，委實發揮「臨門一腳」的作用。試想，在國民黨居於國會絕對優勢的情勢，

吳伯雄由王金平居間安排下，在陳總統退回內閣總辭案前一天，跑去與瀕臨跛腳的總統密會，對組閣問題表示「除了中選會應該改組，其他內閣人事他沒意見、國民黨也不會參與。」這話，對精於政治算計的陳總統來說，就形同在野黨自動繳械，幫陳總統幾近交卸的權利加持，同時為其退回總辭案解套，等於幫民進黨加分。因此，事後部分國民黨立委批評此舉有蔑視國會、不尊重新民意的質疑，認為應該准辭再重新任命之議的質疑，就如同「狗吠火車」，於事無補。

陳總統面對國會新民意不組新閣的作法，固然有其論述依據，但是，不思以准辭再任命方式化解爭議，卻以遊走憲政慣例的模糊地帶為能事，透露出總統可以不尊重立院新民意的訊息，同時更造成總統獨大、在野黨立委席次優勢都無法監督的困局。君不見，居於「看守內閣」地位的張俊雄院長，此刻頻頻以數百億元為單位地大撒銀子，遭致政策買票的質疑，等於擺出一副不服氣就倒閣的姿態，反正陳總統握有解散國會權，可以攪得政局動盪不安，這就是現行憲法荒謬之處。所以，老百姓只能冀望才德兼備，又會節制自己權力的人來領政，否則，總統胡作非為，國會能奈他何？

組閣議題剛剛落幕，那邊廂，馬英九與謝長廷總統選戰開打，政治口水戰、泥巴戰方興未艾。但是，從金門的角度隔海觀戰，台灣政治的紛紛擾擾雖然越演越烈，並未受到太大關注。以金門人的利益言，「救經濟」才是民眾所盼，因此，在行政院大放利多的此刻，建請張俊雄院長及陳景峻主席以民生經濟為念，就縣府前已呈報行政院之「金門縣綜合發展計畫」及「離島綜合建設方案」，針對其中尚未核定且有助振興地區經濟之項目，釋出政策利多，給金門一條經濟活路，以嘉惠我縣，造福地方。

我們對遠航停飛事件的看法

　　遠東航空公司本(五)月十二日宣布自十三日起暫時停飛，消息傳來，輿論譁然。曾預購遠航機票的消費者尤其感到錯愕與不滿，認為該公司這種無預警說停飛就停飛的做法，是不負責任且毫無商業道德的行為。是否造成預購票者手中握有的機票變成廢紙，或其權益及金錢上的損失，讓消費者處於徬徨無助的狀態中，令人關切。雖然縣府有關部門站在維護民眾權益之立場，採取相關之應變措施，但是，能否獲得合理解決，仍在未定之天。

　　遠航公司是具有五十年歷史且外界認為服務品質與營運體質良好的航空業者。台金航線開航之初，曾被視為北金航線的龍頭，幾乎是鄉親首選的硬招牌公司，這樣一個商譽評價甚高的公司，發展到今天陷入財務困境暫時停飛的地步，令人唏噓不已！同時，這次停飛事件亦曝露了商業道德淪喪，以及公權力不彰的問題，必須受到公評。

　　古來為商之道，特別強調「童叟無欺」，講究商業信譽。回顧遠航財務危機事件的演變，今年二月中旬遠航以財務困難向法院聲請重整，顯示其內部財務早已存在著嚴重的問題，但卻在去(九十六)年十一月至今年一月底止，對設籍金門民眾推出五‧五折的優惠票價案，吸引民眾上網購票，網購截止後半個月即傳出財務危機的訊息，不論是否涉及詐欺罪責，唯就商業道德和商業倫理的層面看，這種以網路促銷換取現金投機取巧的行為，至為可議。

再者，遠航財務危機於二月十二日曝光後，該公司高層均以「只要有資金進來，就可轉危為安」等說詞搪塞外界質疑，民航局亦同意讓遠航繼續營運。之後，金酒公司投資遠航計畫，因為縣議會否決而破局，國內外財團亦無具體投資行動，遠航苦撐待援終不可得，停飛或結束營業應屬預料中事。這次突然宣布停飛，造成不知情旅客次日在松山機場無機可搭的亂象，顯示該公司運作機制混亂且毫無章法，這種漠視旅客權益、惡意停飛、吃定消費者的行為，應予譴責。

至於政府對遠航財務危機的處理方式，更是荒腔走板，須知，遠航財務困境非始於今日，該公司營運高層前董事長崔湧時期的不當財務投資與高額負債，業界早有傳聞，應負監督責任的交通部與民航局，未就民航法五十六條之規定，要求業者將營運、財務、航務與機務相關資料定期列表彙送備查，俾發現問題，早期輔導、處理，及至問題浮上檯面，仍不思對其財務與營運狀況進行瞭解，並提出具體改善措施，如今事態演變至此，交通部次長游芳來卻兩手一攤說：「無法可管」等云，擺明要把這個「爛攤子」留給新政府處理。正因為交通部與民航局這種顢頇、無能、消極的態度，才讓業者得以取巧妄為，而權益受損的永遠是消費大眾及業界無辜的員工們。

在維護消費大眾權益的基本思維上，金門縣政府針對遠航停飛事件所採取的相關應變措施，值得肯定與支持。但是，這個問題的根本解決之道，還是在中央政府與業者身上。因此，我們期望新政府上台之後，相關部會應發揮積極任事的精神，以公權力介入，明快處理；同時也希望遠航公司領導階層，以負責任的態度，誠懇面對問題，與政府共同找出解決的辦法，謀求一個可以確保消費者及遠航員工權益，以及企業永續經營的方案，獲致符合社會期待的圓滿結果。

現階段金門觀光產業發展的方向

　　兩岸兩會十一月初「台北會談」正式簽訂四項協議，雙方事務性協商走向制度化，雖然內部仍有少數不同意見，但兩岸和解氣氛融洽，彼此在政治、經濟、文化、教育等各領域的交流將進一步加強。其中，空運直航即將於本月十五日上路，海運直航亦將於同日正式鳴笛首航。在此歷史性機遇中，金門的未來發展深受關注，政府機關、社會賢達，莫不殫精竭慮，為金門何去何從描繪願景與建言，值得欣慰。

　　日前，縣府召開「金馬中長期經濟發展規劃」先期審查會議，這項攸關地區長遠發展的規劃，是以金門的定位發展目標與金門產業發展評估及規劃等為整體究研架構。縣府表示，基於兩岸關係和緩，在擴大小三通、全面大三通及兩岸產業發展等因素的影響下，金馬地區未來中長期發展策略相當重要，是未來政府推動金馬地區長期發展及施政之上位計劃。該報告指出，金門地區現階段面臨七大困境，包括：聯外交通急需改善、就業市場狹小、基礎設施不足、財政收入有限、水資源不足、軍事設施未做有效之整體規劃、消費人口未成長等，因而向政府提出「小三通人員往來正常化實施後，金門縣政府具體因應措施建議」等八大對策（詳見本月一日本報一版），供決策參考。

　　「金馬中長期經濟發展規劃」既然是地區未來發展的上位計劃，關鍵在於中央政府支持與奧援，殷望主政者以宏觀的思維，思考

兩岸關係中金馬地區的發展契機，對金馬的定位要清楚、明確，在整體規劃方案做出有利於離島地區發展的策略。此外，由於政治因素影響，雖然自小三通以來，金門地緣上之優勢，與廈門重溫兄弟島之情，在經濟依存關係有由金向廈傾斜之事實，產生「經濟靠大陸，政治向台灣」之現象，因此，金門未來發展也需要中共方面釋出善意與支持。這也就是李炷烽縣長經常力陳、希望中央政府透過兩岸兩會協商為金門爭取政策利多的原因所在。

重大政策之形成有其鈍重性，必須跨部會協商與法令配合，因此，經建會研擬之「金馬中長期經濟發展規劃」不會那麼快就拍板定案；故而與其盼望等待，莫如握機乘勢，依據金門未來發展之規劃藍圖，就本身現有條件，操之於己的部份來做努力，俾做為政策決定後據以執行之基礎。因此，爰引金門整體產業發展策略，規劃以觀光產業為發展軸心之構想，提出看法以供參考。

首先，小三通實施以來，金門旅遊業者與大陸部份地區之同業已建立合作機制，隨著大三通來臨，金門機場亦列為開放航點之一，在這個基礎上，宜進而與大陸各省市地區旅遊業者合作，循小三通海運、空運搭配之模式，開發大陸、金門、台灣三地多面向、多樣化之旅遊行程，藉以爭取客源活絡地區觀光產業，促進經濟發展。

其次，隨著旅遊業朝向個性、休閒、自主、自由化的發展趨勢，業者應認知以客為尊之道，把握讓旅客吃得好、住得好、行得好、玩得好之「四好」原則，完善行程規劃與交通食宿之相應配套措施，提昇觀光旅遊品質，如此才能讓旅客留下美好印象，對吸引爾後觀光客具有正面意義。凡此，有賴公部門與地區旅遊業者，就現有條件，操之於己的部份共同努力，才是正辦。

金門開放博弈產業的思考

　　立法院日前在國民黨主導下三讀通過「離島建設條例修正案」，該修正案最受矚目的是賦予離島開放博弈產業的法源，將來只要離島地區辦理公民投票，且經投票人半數以上同意，即可設置賭場。這個習稱為「博弈條款」的法案，歷經政黨兩次輪替、三任總統、爭議十多年，終於在國民黨籍立委強行表決下通過。雖然之後還得行政院訂定「大型觀光度假區管理辦法」和「博弈管理條例」，才能付諸實施，但法案通過表示政策即將上路，因此社會上見解分歧，贊成或反對意見紛紜，尤其宗教團體及衛道人士大加撻伐，媒體廣泛報導、討論。此際，身為離島之一的金門，理應更加關心這個議題。

　　離島博弈法案通過，金門是否設置賭場的議題，李炷烽縣長與謝宜璋議長日前皆異口同聲表示，由全民公投決定，一切取決民意。由於「博弈條款」的法制化配套尚待規劃、訂定，李縣長表示，未來若相關法令通過，地方政府將舉辦公聽會及政策說明，再辦理公投，決定金門設置賭場與否的課題，估計也是二、三年以後的事。如果回溯以往，縣府於九十六年初委託國立金門技術學院辦理之「金門縣政府九十六年度縣政需求民意調查」顯示，其中對金門發展博弈產業問題，42.2%贊成，50.8%不贊成，8%無意見或不知道；但是在該次調查的十項議題中，博弈產業卻以高比率獲得優先推動的第三個排序，這兩項數據呈現意見相左的矛盾情況。因此，鄉親們應如何看待這個議題，需要充份的時間與開闊的討論空間，為斯土斯民之長遠發

展審慎研究思考。

開設賭場的利弊得失，見仁見智，所以「博弈條款」通過後，社會大眾意見呈現兩極化現象，在社會道德與經濟利益之間擺盪、辯論不休。事實上，無論贊成或反對都有其立論基礎，根據國外社會學家的研究所見，與觀光博弈產業相關的犯罪行為，包括高利貸、詐欺、毒品、性交易、貪污、洗錢、挪用公款及組織性犯罪；其所衍生的社會問題有嗜賭、酗酒、家暴、自殺、高離婚率及家庭破碎等等。因此，世界各國開放觀光賭場者，未蒙經濟之利，先受其害之案例間亦有之，所以，衛道人士視賭博是罪惡之淵藪，其來有自。就以亞洲地區觀光賭場享有盛名的澳門來說，因為外族殖民統治淪為洋人吃喝嫖賭的樂土，回歸中共以後仍沿襲博弈產業，並擴大引進國際大型賭場集團參與經營，雖然每年營收屢創新高，為澳門帶來一片榮景的表象，但是隨著博弈產業應運而生如色情行業等，招致「罪惡之城」的惡名，而且繁榮背後存在社會治安與社會風氣敗壞的隱憂，只有當地原住民才能體會。

根據政府規劃離島博弈產業的設想，觀光賭場應附設於國際觀光度假區，並應設置包含國際觀光旅館、觀光旅遊設施、國際會議展覽設施、購物商場等。準此觀之，金門是否符合這些條件？國際投資業者是否願意選擇金門從事博弈產業？是金門發展博弈產業另一個思考面向。我們認為，金門經濟發展宜以李縣長「建構國際觀光休閒島嶼」的施政構想為張本，以發展在地人文特色的觀光產業為前提，再依民意公決是否納入博弈產業。因此，在傳統與現實的碰撞之際，我縣民眾應本著「要給斯土斯民什麼樣的未來」為著眼，對金門是否發展博弈產業做出理性的抉擇。

為行銷金門觀光旅遊再加把勁

　　最近有兩位中共官員於赴台考察旅遊及經貿交流，回程選擇來金門訪問，並循「小三通」方式返回大陸。先是中共國家旅遊局局長邵琪偉率團赴台參加「第十二屆海峽兩岸旅遊業者聯誼會」活動後，選擇到金門實地體驗、考察本地旅遊環境與特色，以便推介給大陸遊客；同時希望藉由實際觀察瞭解，整合「大三通」和「小三通」，研究把兩條旅遊路線連接起來的可行性。這個構想對兩岸旅遊業者具有很大的啟發作用，值得公部門及相關業者腦力激盪，創新思維。

　　隨後中共福建省副省長葉雙瑜率該省經貿交流團赴台交流，也取道金門返回大陸，停留期間，在金門縣政府與李炷烽縣長及縣府相關主管進行一場座談，商談包括促進福建企業來金投資等合作事項，期以加快雙方經貿交流。同時，葉副省長建議在因應兩岸關係急遽變化的需要，台灣政府要加快建設的腳步來改善金門的機場和港埠等基礎設施。事實上這也是金門人長久以來念茲在茲的大事，希望中央政府聽得到、重視它，並將之列為改善金門基礎建設的重要項目與當務之急。

　　中共國家旅遊局主管及福建省領導階層的官員，兩者都具有主導政策與影響決策的能力，他們對兩岸旅遊事業與經貿交流所提出的意見，為金門未來在兩岸觀光旅遊發展以及經貿往來釋出善意與利多，意義非凡。另者，李縣長曾向兩位貴賓建言，希望大陸方面對已經開放的二十五個省、市地區居民，給予更為便捷簡易的辦證管道，以提高大陸民眾來金旅遊意願，擴大旅客數量。凡此，有賴海

基、海協兩會透過協商機制進一步落實。

於此同時，李縣長為招攬大陸旅客來金門旅遊，日前親率縣府團隊重要成員主動出擊，至大陸泉州、廈門、浙江等地進行「由金門玩轉兩岸」的旅遊推介活動，並祭出優惠與獎助措施，以爭取大陸民眾到金門旅遊。此外，縣府並研擬旅館業週轉及疏困專案，這些為金門爭取旅遊客源及協助業界渡過不景氣困境的積極作為，理念清晰、方向正確，廣受好評。茲就操之在我的部份，對金門觀光旅遊產業發展再提幾點意見。

首先，金門的觀光旅遊事業宜朝多元化發展，所謂「內行人看門道，外行人看熱鬧」，至於什麼是「門道」？什麼是「熱鬧」？是旅遊業者在產品開發設計必須重視的課題，以符合各個客層的需要。金門不缺好山好水，美景處處，尤其是保存完善的閩南建築、獨特的僑鄉文化，別緻的生態景觀以及戰地史蹟，這些多重的特色與豐富的旅遊資源，如何向世人推薦介紹，都有賴官方與民間集思廣益，朝著「國際觀光島」的目標共同努力。

其次，對於旅遊線之規劃應兼顧旅客成本效益之觀念，試以開發「台灣、金門、廈門、武夷山」的雙向旅遊為例，同天期之產品如果價格比台灣直飛的「台灣、廈門、武夷山」還便宜，卻可以多遊覽金門一地，必然具有較高競爭力，這樣的推廣發展策略，必須兩岸三地業者建立合作機制，共同開發，始克有成。

總之，金門要發展觀光旅遊產業，機場、港埠的基礎建設必需盡快改善，這是中央政府的責任。但就現有條件下，旅遊業者如何設計吸引遊客的產品，並提升服務品質，是公部門及業者必須想方設法的課題，同心協力，為行銷金門觀光旅遊再加把勁，以實現「國際觀光島」的美夢。

優良旅遊品質是行銷金門的最佳保證

　　對於金門地區觀光旅遊與周邊產業業者來說，最近有兩則值得雀躍的好消息。首先，浙江中國旅行社發起近三千人旅遊團，將自今日起分批搭乘鐵路專車到廈門，循小三通搭船來金門旅遊，再轉機赴台觀光；另者，國內知名製鞋業者、La-New老牛皮國際股份有限公司董事長劉保佑等一行，日前拜會李炷烽縣長時表示，有意籌劃五千位員工眷屬經小三通到大陸旅遊，以及將金門列入籌辦萬人健走地點，對此我們甚表歡迎。這兩則訊息顯示，金門觀光旅遊業並不會因為實施大三通而沒落，反而將成為兩岸旅遊多重選擇中的重要渠道和熱門景點，為金門觀光旅遊業帶來更為寬廣的發展空間。

　　中共自去年下半年起陸續放寬大陸居民赴台旅遊政策，這個觀光大餅，是金門觀光旅遊業有利的發展契機。有鑑於此，李縣長日前率縣府重要成員「登陸」，在泉州市、廈門市、浙江杭州市三地分別辦理「如何來金門旅遊」、「由金門玩轉兩岸」、「相聚金門，情遊台灣」媒體發佈會等活動，極力推介金門之美；同時更推出三個月期獎助旅行社招攬境外旅客來金門旅遊的優惠措施，這次浙江發團來金的好消息，為搶攻大陸旅遊市場取得先聲奪人之勢，這也是縣府推動「觀光立縣」政策，所獲得的具體成果。

　　值得注意的是，此次浙江中國旅行社選擇廈—金—台這條旅遊線的考量因素，據該社總經理曹軍表示，安排走「小三通」，先金門後台灣，並非為了省錢，而是對金門過去軍事地位的意義與好奇，受

到多數浙江民眾的青睞，再從該團旅客年齡層分析，大多數是年紀較大的退休人員。這些因素可做為行銷策略與爭取客源的參據。同時，這項具有規模的組織性旅遊活動，其整個旅遊品質能否得到肯定，有賴兩岸三地業者充分協調合作，共同努力，以維商譽。至於停留金門旅遊期間是否能讓旅客滿意、贏得好口碑，對這條旅遊黃金渠道的興衰及金門觀光旅遊業未來發展前景，均具有指標性作用。謹提出看法供公部門及業者參考。

首先，應確保旅遊品質。旅遊品質包括食宿、交通、接待服務與遊程安排等相關配套措施，業者宜站在遊客立場設想，費心構思、精心規劃，例如在旅遊景點規劃方面，由於停留金門時間有限，故應從金門風光多面向的特色中，萃取精華，使遊程精緻化；並且以良好的接待與周到的服務，讓旅客從踏上金門土地開始，感受金門人的善良、淳樸與親切，留下美好的回憶。

其次，要完善應變措施。這段期間正值霧季，難免遇上霧鎖機場、海港，導致海、空運輸受阻的情況，一旦停飛停航，如何應變，理應「未霧綢繆」，才不致臨霧失措，造成機場、碼頭混亂，非但徒留笑柄，也壞了金門的形象。凡此，均有賴相關部門與業者想方設法，有效紓解旅客不滿情緒，尤其對滯留金門的旅客，更應妥適安排與關注，讓他們「怨天」而「不尤人」。

總之，這次浙江旅遊團過境遊覽，為兩岸三地旅遊建立了新的模式，旅客們對金門遊的觀感，若能有好口碑，其口耳相傳的效應，將會吸引更多大陸民眾利用這條黃金路線中轉赴台，對於行銷金門旅遊與活絡地區經濟影響至鉅，因此，如何確保旅遊品質，以及完善霧季期間應變措施，尤其在天候因素造成的不便中，如何讓遊客們感受到親切的服務和貼心的關懷，都有待公部門與業者拿出好的辦法來。

以客為尊再造金門觀光產業榮景

馬英九總統為履行政見，採取積極開放的大陸政策，兩岸關係春暖花開，海基、海協兩會制度性協商成型，半年一會已成慣例，官方與民間往來的各種交流活動日益綿密。自開春以來，大陸觀光客一波波抵達台灣，人潮帶來錢潮，陸客消費能力驚人，更由於媒體緊追不捨，成為社會輿論的焦點。這波陸客潮，根據內政部入出國及移民署統計，三月份陸客來台觀光人數平均每天約二六〇〇人（不含安利團），從去年七月十八日開放大陸地區人民來台觀光，至四月六日單日申請案達四三一一件，首度達到每日上限，這些數據顯示，陸客來台觀光正夯，人潮錢潮滾滾而來，對觀光產業發展具有正面效益。

大陸觀光客赴台旅遊媒體炒得熱鬧滾滾，同時間，金門也沒閒著，浙江中國旅行社發起三千人旅遊團，循「小三通」廈門、金門、台灣的旅遊線，第三批三六二人刻由金門中轉在台灣旅遊中。從這幾批陸客在台灣、在金門旅遊的觀感，團員們透過媒體鏡頭高喊「台灣熱情可愛」的背後，卻也傳出陸客對旅遊品質的不滿，其中最受旅客詬病的就是「被帶去購物」，尤其在金門停留時間較短，遊覽景點與購物來去匆匆，更容易讓旅客產生這種不良印象，對於此類抱怨，業者應把握「有則改之，無則自勉」的胸襟與態度來面對，公部門也應善盡督導改善之責，才能維護良好的旅遊品質與商譽。

觀光產業發展潛力無限，旅遊人潮更可以為各行各業帶來商機，所以，負責推動觀光產業發展的政府部門以及觀光旅遊業者，應

該共同思考的一個關鍵性問題，那就是旅客選擇觀光標的所考慮的因素所在，其中以旅遊品質良窳為最，再從消費者的角度來說，「尊重」與「安全」因素也不容忽視。以陸客來台觀光選擇景點為例，台南市是著名古都，素有台灣府城之稱，但去年六月間，大陸旅遊業者「踩線團」來台探路，當時台南市衛生局長在議會答詢時表示，為防範陸客帶來傳染病，所以凡是陸客走過的地方都要消毒，這種歧視性的語言，對陸客極不尊重；另者，後來又發生「張銘清事件」，把張推倒在地、要他「滾回去」的粗暴行為，造成陸客認為台南人野蠻、不友善的刻板印象，縱然有府城之美稱，在缺乏「尊重」與「安全」的雙重因素，陸客聞之卻步，喪失不少商機，殊為可惜，也值得引以為鑑。

　　為發展金門觀光產業，縣府團隊以「國際觀光島」為發展策略，一向扮演著行銷金門觀光旅遊火車頭的積極角色。今年以來，李炷烽縣長親率縣府團隊重要成員登陸，展開推介活動，並推出優惠與獎助措施，積極爭取客源，以及給予業者週轉與紓困專案加持下，旅遊產業已漸有起色，著實令人振奮。但是，如何珍惜這塊觀光大餅，建立金門旅遊的好口碑，吸引絡繹不絕的人潮，讓地區觀光旅遊產業榮景再現，並能永續經營，實有賴官方與民間業者共同努力，從提升旅遊品質著手，並善守「以客為尊」之道。

　　就「以客為尊」而言，必須站在旅客的角度思考問題。旅客出外觀光旅遊，自然會重視景點、食宿及交通等條件，但他們更在乎的是友善、尊重與安全，所以要提升服務品質，應該加入這些要素，讓旅客覺得整個旅程物超所值又有尊嚴，這才是金門觀光旅遊產業榮景再現之道。

完善基礎建設是永續發展根本

　　李炷烽縣長「金廈特區作為兩岸和平試點的可行性及條件」專文，日前由本報特載刊出，有關金門未來發展議題再度引起重視。李縣長認為，金門正走在發展的十字路口，未來何去何從？已是不容逃避的課題。今以專文中「架構條件分析」第二項「對接海西經濟區的基礎建設」析論之，建請中央政府重視金門地區基礎建設應該優先發展的必要性與重要性。

　　五月中旬，大陸首屆「海峽論壇」廣邀台灣各界人士，在福建省的福州、廈門、泉州、莆田等地分別舉行了十八個場次的交流活動。值得關注的是中共國務院於論壇前夕公佈了「關於支持福建省加快建設海峽西岸經濟區的若干意見」，讓福建大膽先行先試，將海西建設成為經濟持續發展的區域。此外，國務院台辦主任王毅更於論壇大會上宣佈了八項具體惠台政策，展現與台灣各領域、各產業密切合作的旺盛企圖心，爭取轉移台灣製造業和研發機構，推動閩台金融、物流等方面的合作，打造閩台產業合作基地。

　　中共為了促進「海西經濟區」的建設與發展，規劃建設北京至福州、昆明至廈門高速鐵路以及城際鐵路和一批港口鐵路支線，形成與長三角、珠三角以及中西部地區快捷鐵路系統，預示著「海西經濟區」鐵路網將越織越密。以廈門為例，由於政策目標明確，短期內將加速完成海西高速路網，在公路方面，二〇一〇年前將完成廈門境內包括翔安隧道、環島幹道、成功大道、海翔大道等項目計一七一公里的公路網；在鐵路方面，福廈鐵路將於今年投入營運，龍廈鐵路、廈

深鐵路將於二〇一一年前分別完成通車；在港口方面，加快建設以海滄港成為海峽西岸重要航運物流中心；在航空方面，依照區域性航空樞紐發展定位，將於二〇一二年前完成機場三期擴建工程，成為東南沿海重要的國際機場。這些陸、海、空交通基礎建設逐步完成運行後，將帶動該區域經濟的長遠發展。

　　金門和廈門並稱「兩門」或「兄弟島」，但因兩岸分治，命運各殊。廈門是大陸改革開放後第一批被列為經濟特區的城市，已有三十年經濟建設發展經驗，諸如前述交通網路基礎建設之發展規劃，頗多值得借鏡。金門在軍管時期，由於軍事建設重於民生建設，所以基礎建設相當薄弱，一九九二年解除軍管以來，已面臨著經濟與產業轉型的關鍵時刻。自小三通實施八年多來，看著廈門的快速發展，可謂相形見絀，更由於政府未能致力於此地經濟建設，導致本地資金單向流入廈門，據非正式統計，僅就投資廈門房地產資金即超過新台幣一百億元，這種單邊傾斜的現象，對金門的發展更為不利。所以主政者應該思考的是，如果金門有好的建設、好的發展，這些資金會流向大陸嗎？

　　面對大陸海峽西岸經濟區崛起，對金門來說又是一次難得的歷史機遇。緣於金門地區基礎建設薄弱的事實，再對比廈門的蓬勃發展，更凸顯金門基礎建設應該盡速發展的必要性與重要性，有賴政府拿出具體因應措施。我們認為，李縣長「對接海西經濟區的基礎建設」之構想，允為當務之急，舉其犖犖大者，水電設施與對外交通建設應列為優先改善事項，所謂「路開到那裡，人潮、錢潮就流向那裡」。所以，完善的基礎建設是金門永續發展的根本，亦即，把金門基礎建設完善起來，才是與大陸經濟對接的先決條件，因此，金門的發展願景，除了本身的努力，最重要的是，中央政府要有一套永續發展策略。

一顆即將璀璨發亮的海上明珠

　　這趟「海峽論壇」之行，參加福州市海峽經貿交易會的場子，過程中看到了大陸之所以崛起的關鍵因素。就如同呂秀蓮日前講的：現在的中國已非廿年前六四時期的那個中共政權了，民進黨需要重新調整對中國的認識。在短短幾天活動中，從接觸到來自北京、省以及地方官員也好，或者什麼促進會、合作協會的長字輩人物也好，他們現在已經不搞以前那些意識形態的玩意兒，也不再開口閉口「祖國統一」的那一套政治老八股，而是以務實的態度，一切向前（錢）看，不談政治談賺錢，而且提供可以賺到錢的優惠措施和投資機會。

　　五月十九日，應福州市平潭縣陳文波縣長之邀，由「中華亞太中小企業經濟合作促進會」理事長林秀珍領軍，前往考察當地投資環境，我們一行人乘旅行車由福州市的景城大酒店出發，車行將近兩小時抵達福清市的這個小碼頭，平潭縣丁雄生副縣長偕發展和改革局長俞兆強跨海來此相迎，連車帶人上了滾裝船，船行中看到不遠處正建造一座連接福清與平潭的跨海大橋，見平潭島由遠而近，航程約卅分鐘。也許是自己來自島鄉，當踏上這片土地時分外感到親切，因為這個島嶼像極了金門，一草一木，以及它在歷史長河中的幾段際遇，都有幾分相像；人不親島親，這裡的人們也有著海島人純樸、好客、豪邁性格和勇於冒險的拚搏精神。

　　「十里平沙九曲迴，連天白浪卷雪堆；牛姜臥看千帆遠，日月栖霞爭相輝。」（註：牛姜及日月，栖霞為壇南灣上的島礁、海灘；詩中卷

應是正體字的捲？栖則是樓）這是一位名叫高遠的詩人為島上一個美麗海灣寫的「壇南灣賦」，形容這片海灣浪濤壯闊及沙灘之迷人。話說平潭素有「千礁島縣」之稱，扼守台灣海峽和閩江口，由一二六個島嶼、七〇二座岩礁組成，陸地總面積三七一‧九一平方公里；主島海壇島面積二六七‧一三平方公里，是福建第一大島。建縣於一九一二年，現轄七鎮八鄉，總人口約四十萬人。由於大自然的鬼斧神工與匠心獨運，平潭島地理天成，擁有「海濱沙灘冠全國」、「海蝕地貌甲天下」之美譽，具備生態旅遊的優越條件。

　　平潭由於海島地理條件及歷史因素，自古以來都是兵家必爭之地。曾經歷明嘉靖年間的抗倭戰事，康熙十九年擊敗鄭經所部的海壇海戰，抗日戰事六次收復平潭，以及民國卅八年解放平潭之戰。兩岸分治，平潭地處對台軍事前沿，是軍事戰略要點，更是對台軍演重鎮，由於它距離台灣最近（距新竹僅六八海浬），曾是台灣漁民颱風時節的避風港，也曾是兩岸走私對接最頻繁的海域，平潭主島海壇島形似麒麟，故有吉祥島、財運島，有福之島的盛名，所謂「麒麟出東海，明珠落平潭」，如今，這個海島來到了海峽西岸經濟區發展的歷史機遇期，大放異彩，指日可待。

　　中共「關於支持福建加快建設海峽西岸經濟區的若干意見」，確立該區域以定位及發展方向，決定將平潭島轉型為兩岸「先試先行」地區，藉此凸顯其「對台前沿」的重要地位，其所象徵的和平意味，不言可喻。至於平潭未來發展前景，從現在正進行或規劃中的交通基礎建設可以看出端倪；連接福州的海壇海峽大橋預定明年四月完工，並接通福清漁溪線高速公路；海壇海峽第二大橋正在籌建中；動工建設的京台（北京至台灣）高速公路和籌建中的京福台快速鐵路到達平潭；規劃建設的台灣海峽隧道北線（平潭至新竹）選址平潭島。據當地人士說，海壇海峽大橋動工後迄今一年來，該島房地產價格已經翻

了幾番，十分火紅。

　　看看別人，想想自己，中共開放改革，大步向前追趕；台灣自綁手腳，發展陷入困境，此消彼長，怎不讓人唏噓！以平潭海壇海峽大橋來說吧，人家說建就建，即將完工；我們一條連接大、小金門的小橋，卻隨著選舉而浮浮沉沉，中央政府啊，不管你們誰主政，總該拿出誠意，做出一點成績吧！

請改善水頭碼頭通關服務品質

　　政黨二次輪替、國民黨重新執政以後，兩岸關係產生極大變化，馬政府的大陸政策跳脫了李登輝主政時期「戒急用忍」政策，也與民進黨執政時期的「積極管理，有效開放」政策大異其趣。如今，雙方海基、海協兩會協商架構建立制度化機制，尤其開啟「大三通」以來，兩岸民間交流、貿易往來與合作互惠進入一個新的階段，例如在陸客來台觀光旅遊方面，近期浙江中國旅行社發起三千人旅遊團循「小三通」，走廈-金-台旅遊線，以及大陸安利萬人團第一波遊客抵台觀光，都成為新聞報導的焦點。

　　安利首發團在台灣，短短三天，就新聞報導所見，從台北故宮、信義商圈爆發錢潮橫流的消費能力；接著在花蓮也展現旅客砸錢毫不手軟的購物潮；在日月潭藝品店，旅客甚至將櫃台上的商品全都買下，同伴爭相血拼的鏡頭，讓人印象深刻。該團離台前給予「台灣熱情可愛」的評價，這個評價是旅遊業者與各地方首長以熱烈場面迎賓，以及費盡心思把台灣的優良景點，最道地的料理和小吃，最著名的土產，做了最佳的旅程安排，讓觀光團成員有賓至如歸的感受。但是，由於該團人數眾多，搭乘郵輪，未經機場，不住飯店，因此旅客換幣不易，造成商家冒險收受美金、人民幣的情況，凸顯政府在港口與重要旅遊處所匯兌服務設施不足的問題，應予改善。

　　浙江啟動的旅遊團首發到金門，寫下單日陸客來金的最高紀錄，旅客下船興沖沖，卻因為水頭碼頭服務中心通關處空間狹窄，且只有

一台X光機和一座安檢門，旅客蜂擁推擠，致現場秩序大亂；又因海關X光機漏油故障，臨時採用人工抽查行李，讓旅客留下又擠又亂的負面印象。這起「凸槌」事件，據相關官員指出，主要是因為海關處空間狹窄，現場引導及服務人力不足，且入境旅客對環境不熟悉，才會造成這些亂象，經適當處理後才恢復正常運作。

安利團在台灣旅遊錢幣匯兌問題，因為陸客遽增而浮現出來；浙江旅遊團在水頭碼頭通關，因受限港口設施造成的推擠混亂現象，兩者都顯示政府部門迎客準備不足的情形，而問題的癥結在於公務人員保守、因循、被動的心態使然，所以缺乏預見問題、預擬應變措施之前瞻作為。就前述水頭碼頭通關亂象為例，雖然X光機故障是屬於意外，但面對千人團陸續入境，若能先行規劃調整動線，有效引導旅客，並預置應變人力，應當可以減少旅客的無所適從與怨懟。

不可否認，水頭碼頭服務中心這棟大樓，當初是因應「小三通」規劃設計，恐未考量天候因素停航累積旅客等因素，也沒有前瞻未來發展之需求，因此，只要停航造成旅客滯留或如今旅客激增的情況，旅客大廳空間不足，擠滿人潮，通關的通道更是亂象叢生，尤其旅客入境時，驗證櫃台得拐彎通關，動線規劃欠佳，另者，船泊處至關口間之通道，出入境旅客未予區隔，這些問題應該歸咎於設計不良。如今，水頭商港服務中心入境處已著手擴建，預定年底前完成，殷望對前述問題通盤考慮，妥為規劃，把這個港口建置成方便旅客進出的優良口岸。

綜前所述，在水頭碼頭設施擴建未完成前，基於旅客出入境通關順暢之必要，希望港口服務中心中央、地方相關單位與航運業者，充分協調，通力合作，採取至當方案來改善服務品質，以提升通關效率。

政論篇

翻轉中的金門

「金廈和平特區」構想，

　　　　是金門主流民意的體現，

　　深刻反映了金門民眾共同的需求。

　　深信「金廈和平特區」一旦實現，

　將為金門的經濟發展找到活水源頭，

　　　　也為兩岸經濟合作創造新模式。

期盼金廈緊急醫療「綠色通道」早日啟動

「二〇〇七金廈航線防疫業務研討會」已於日前在金門召開完畢。研討會中，由金門、廈門兩地衛生醫療主管單位及第一線防疫人員，分別提出兩岸航線防疫措施、執行情形簡報。會中同時討論，有關傳染病防治、公共衛生及緊急醫療合作等三個議題，其中以「區域緊急醫療合作機制的建立」議題之討論，提到將擴及未來金廈直升機緊急救援機制，其後續發展，值得我們重視與關切。

李炷烽縣長在這次研討會的開幕致詞中指出，由於金門的醫療資源不足，對於急重症傷病患，必須後送至台灣，有時受天候影響，只能聽天由命。從人道救援時效而言，廈門海滄長庚醫院，即將於今年十月開幕，因此，對離島醫療、衛生、緊急救援，可以提出構想及計畫。當金門鄉親確有需要緊急醫療時，李縣長特別強調「人權至上」、「時間就是生命」的觀念，能及時送往廈門醫治，希望中央樂觀其成。這個論述，又再一次展現其「急民之所急」，為民請命的施政風格。

金門醫療資源不足的窘況，以及醫療品質缺乏應有的保障，尤其是急重症病患緊急後送遭遇的難題，一直是鄉親們內心的痛。基於言責，長期以來，鑑於鄉親們對提升地區醫療品質的渴望，以及緊急醫療救援體系的需求，不時的提出針砭和建言。但是，地區整體醫療設備與醫療品質，並未得到具體及明顯的改善。如今，李縣長提出縣府將推動急重症病患空運廈門長庚的構想，我們由衷期盼這一嘉惠地區民眾的構想得以儘快實現。

廈門長庚醫院即將開幕，對醫療資源貧乏的金門來說，確實是一大喜訊。李縣長曾經多次赴台拜訪王永慶董事長，就爭取廈門長庚醫院為金門民眾提供醫療救護，表達鄉親的期望。記得去年十一月初，王永慶董事長借道小三通至大陸考察，其夫人李寶珠女士曾對媒體表示，廈門長庚醫院應可對金門民眾提供醫療服務，當時陪同的楊副縣長也表示，有關健保給付問題，必須要先解決。此外，廈門市衛生局局長黃如欣則在這次研討會中表示，有關緊急醫療直升機空運至廈門，已超出其權責，希望金門與其他部門溝通協調。

　　事實上，推動急重症病患空運廈門長庚醫療救護，這個構想能否達成，牽涉到政策及技術兩個層面的因素。在政策面，一為我方政府的政策立場；一為大陸方面的願意配合玉成。技術面，則為本縣相關配套措施的規劃與前置作業，以及透過相關管道，向中央極力爭取，以求政策鬆綁。並透過兩岸協商機制，取得大陸方面的配合，為地區急重症病患開方便之門。

　　本於「人命關天」、「生命無價」的人性關懷。我們要再次籲請中央政府，體恤金門醫療資源不足及醫療品質處於劣勢的事實，從照顧金門地區民眾現實需要的角度，來思考這個問題，同意政策放行，法令鬆綁。同時，透過兩岸現行協商機制，取得大陸方面的支持與配合。進而建立署立金門醫院與廈門長庚醫院緊急醫療救護機制，讓金門急重症病患得以空運廈門長庚醫院救治。

　　再者，為求技術層面的落實，建議縣政府相關部門，在李縣長政策指導下，先期完成急重症病患空運廈門長庚醫院的計畫作為。這個計畫作為包括向中央政府爭取政策開放的方案或說帖；其次，則是執行階段完整的配套措施。經由大家的努力，待政策一旦開放，金、廈這條以直升機搶救緊急傷病患的「綠色通道」必能順利啟動。

推動「金廈和平特區」，勾勒發展遠景

——李縣長施政報告三大主軸闡釋三之一

　　李炷烽縣長五月二十五日在議會進行施政報告，特別強調金門未來發展將以「建構國際觀光休閒島嶼」、「推動金廈和平特區」、「營造優質生活環境」為主軸，勾勒出讓金門可大可久、穩定發展的願景。其中，「推動金廈和平特區」議題，事關金門的定位與前途發展至鉅，頗值吾人重視，更有賴鄉親理性的思辨，意見的溝通，集思廣益，凝聚共識，做為共同努力推動的目標。

　　國共內戰造成兩岸分治的事實。在傳統戰爭的軍事對峙時期，金門扮演了軍事前哨的角色，民生經濟得以發展。由於兩岸關係的改變，金門已逐步走向非軍事化，從戰地政務實驗區搖身變成小三通試辦地。金門角色的轉變，反映在經濟上最為顯著。大量撤軍，使金門人的財富來源受到嚴重侵蝕；小三通政策六年多來，金門實際獲利有限，金門經濟呈現空洞化、虛無化的困局。要如何突破，走出困局，是民眾的生計問題，也是縣政掌舵者「常在我心」、「念茲在茲」的大事。

　　金門受制於政治環境的混沌不明。因此，金門要脫出困局，必須要有新的思維。基於此，李縣長於去年十一月，在議會上一會期，首度提出「金門實施一國兩制之利弊得失與因應之道」專題報告，這個「一國兩制試驗區」之芻議，曾引發廣泛討論及回響。在此同時，廈門大學經濟系講師丁長發博士，提出將廈門和金門合併為「廈金特別市」的想法。此外，民進黨籍立委尤清在年初來訪時，也提出「金門

特別行政區」的構想，這些都是攸關金門未來發展的宏觀思維。

　　李縣長「推動金廈和平特區」的構想，相當程度的總結了他長期以來所一再闡述「金門經濟特區」、「金廈經濟特區」、「一國兩制試驗區」、「和平實驗區」等設想，為兩岸關係開啟另一種互動選項。我們相信，這項勇於突破，大膽設想，極具創意的議題，將有助於推動金門經濟繁榮，並為兩岸帶來和平與發展。這個構想能否實現，牽涉到下面幾個影響因素：

　　一、大陸方面，二○○四年提出「海峽西岸經濟區」的建設和發展需要，為金門與廈門帶來經濟合作的歷史契機。

　　二、金門經濟發展的動能，當務之急，有賴小三通中轉政策的鬆綁，讓人潮帶動錢潮，以繁榮地區經濟。

　　三、金門與廈門一衣帶水，小三通這幾年下來，交流合作發展十分迅速，「金廈生活圈」已隱然成形，為「金廈經濟圈」奠定了基礎。

　　四、金門做為小三通的試辦點，在兩岸交流中扮演著橋樑的角色，為推動兩岸永久和平提供了溝通平台。

　　五、金門的定位，必須以金門主體性為優先考量，所以「金廈和平特區」在凝聚共識階段，尤其需要島上居民的參與及中央政府的認同支持。

　　李縣長一再強調「戰爭無情，和平無價」的理念。以合作代替對抗，以和平代替戰爭，「金廈和平特區」構想，是金門主流民意的體現，深刻反映了金門民眾共同的需求。深信「金廈和平特區」一旦實現，將為金門的經濟發展找到活水源頭，也為兩岸經濟合作創造新模式。因此，冀望中央政府務實看待金門經濟凋敝的事實，認知金門與廈門資源互補及和平發展的共同願望。從國家整體發展的戰略層次，暫時擱置政治爭議，以務實態度回應金門人對「金廈和平特區」的期盼，以展現政府對金門照顧的誠意。

讓金門成為「兩岸中心」的希望工程早日實現

　　民進黨大老暨「國家基因改造團隊」負責人張俊宏，日前抵金訪問。在拜訪縣議會議長謝宜璋時，對金門未來發展交換意見，提到金門有本錢成為兩岸中心與世界中心。未來他將扮演金門的義工，協助推動金門成為兩岸中心。我們對張俊宏這樣的說法表示歡迎與支持，但是，這一說法怎麼落實成一個概念、一個構想，甚至是一個具體的方案。值得觀察與期待。

　　「兩岸中心」的說法，就報導所見，缺乏具體的內容，看來籠統、含混不清。「中心」兩字前面畫個空格，可以填入的項目數以十計，它可以是政治交流、經濟交流、文化交流、教育交流，或者是旅客中轉、貨物中轉，也可以是金融、航運等等。因此，視填入項目，就會有不同標的。再就時間或期程言，可區分近程、中程、遠程階段。張俊宏有心為此扮演金門的義工，在給予掌聲的同時，也希望他言而有徵，並付出實際行動，以免淪為口惠實不至的矛盾情境。

　　新世紀以來，金門處在一個充滿挑戰與多元選擇的歷史時刻。駐軍大量裁撤，民生經濟受到衝擊，面臨經濟環境必須轉型的考驗；小三通啟動六年多來，為褪去戰地色彩的島鄉，注入了活絡經濟的一脈細流；在兩岸關係中扮演角色的轉換，為兩岸和平發展提供了溝通平台；全球化浪潮，讓金門有機會與世界接軌，具備邁向國際觀光休閒島嶼的潛力和動能。但是，由於內外因素的限制，金門要永續發展，有賴政府與民間共同努力。

針對張俊宏將義助金門成為「兩岸中心」的善意構想，我們將之視為「希望工程」，鑒於研究、籌劃必將曠日費時，為克竟其功，我們願就立即可行的部份，提出幾點意見，讓這個有利於金門未來發展的美好構想，馬上可以付出行動。

　　第一、寄希望於民進黨金門縣黨部，建請陳滄江主委，協調張俊宏先生，邀集民進黨內友金之菁英，結合八位輪流來金服務的立委，設立「兩岸中心推動小組」，並與府、會建立溝通平台，藉由該小組統籌策劃與推動，落實此一希望工程。

　　第二、就縣府已呈報行政院之「金門縣綜合發展計畫」、「離島綜合建設實施方案」等，以及李炷烽縣長近期提出的「建構國際觀光休閒島嶼」、「推動金廈和平特區」、「營造優質生活環境」等三大發展遠景之相關方案資料，提供張俊宏或已成立之「兩岸中心推動小組」，俾據以協助爭取、推動，期以逐項落實。

　　第三、現有與「兩岸中心」有關之構想、方案，例如「擴大小三通中轉」、「金門行政特區」、「金門經濟特區」、「金廈經濟特區」、「一國兩制試驗區」、「金廈和平特區」等，宜由縣府相關部門主動提請張俊宏先生參考，在其協助推動下若得以逐步實現，將為推動「兩岸中心」的進展開個好兆頭。

　　張俊宏是民進黨創黨元老級人物，讜論中肯，為理論與務實兼具的諤諤之士，素有清望。此次來金作客，關心金門未來發展，發願協助推動金門成為「兩岸中心」的義工，熱情感人，同時展現政治人物體恤民情、重視民意的風範。對於金門未來的前途發展，殷望在其協助下，先就前述三點意見逐步推動，進而區分期程，戮力以赴，讓金門成為「兩岸中心」的希望工程早日實現。

重塑軍人武德　尊重軍事專業

　　馬英九籌組執政團隊期間，除國防、外交、陸委會外，其餘閣員大都放手由準閣揆劉兆玄找人，再商議決定。對於國防部長一職，無論權威人士預測或媒體捕風捉影的人選，全部「摃龜」，最後由台籍老將陳肇敏出線，專家們眼鏡玻璃碎滿地。說正格的，檯面上優秀卓越者大有人在，陳肇敏之所以走老運，首應感激謝長廷在選舉期間對馬英九親中賣台的質疑；因此，馬英九將國防、外交、大陸政策三個指標性部會都交給台籍人士，雖然並非一時之選，卻能符合他在政治層面及省籍因素的考量。

　　馬英九當選總統後，走完謝票行程，接著展開請益之旅，在拜訪郝柏村時，這位老將送給他八個字，即「重建武德，尊重專業」。這應該是郝先生看著國軍這八年來在陳水扁的「統帥」之下，少部分將校背離專業、毀棄武德，有感而發的肺腑之言。老將愛軍至深，所以話中隱含著豐富的情感，是由衷的喟嘆，也是殷殷的期許。再者，這八個字贈予馬英九，有著對阿扁深層批判的意涵，更點出三軍統帥應有的「治軍之道」，切中時弊之言，引人深思！

　　自加入本欄筆陣兩年多，曾寫過「上將夫人的二道菜」等九篇有關國軍人或事的評論，指出國軍少數敗壞軍人形象的事實。從阿扁執政之初所謂「挺扁八家將」，以至於少數一、二軍人求官求到不擇手段，攀附權貴引為晉階途徑，例如：陸軍上將夫人送菜至總統官邸、海軍為特定權貴子弟增額錄取軍法官、空軍台南聯隊官兵戴扁帽及

為阿扁合成五星上將照、陸戰隊餐會官兵高呼「阿扁連任成功」、憲兵「巧克力」，以及國防部配合去蔣、改精神標語等等，不但毀了軍人榮譽，更壞了軍中風氣；所謂「統帥者任意用人，為官者曲意奉承，馬屁者個個升官。」已到了習以為常，積非成是的地步。

國軍人事制度有一套升遷調補的機制，但是，任由一人決策，對於根本不符合升遷條件者，卻刻意拔擢，就是破壞與扭曲了制度。最為嚴重的是，這些年來上將一階浮濫調遷的做法，一個上將職一年左右就換人，甚至有只幹了九個月上將就卸任軍職的情形，所以外界對於上將職比義務役士兵役期還短的譏評，不是無的放矢。試想，如此做法，上將如果存著數饅頭的心態，怎能安於職務，自然在建軍備戰的軍事專業上有所荒廢。所以，上位者帶頭惡搞，影響所及，軍事專業不受尊重，軍人武德淪喪，軍事體質因而敗壞。

在國軍教育體制上，指參學院層次以上的教育班次，是培育中高階將校的搖籃。這些班次大都會編排「為將之道」的相關課程，主在陶冶軍人精神修養，傳授中高階幹部的領導方法與指揮才能，陶鑄將領必具的素養和必備的條件。所以，郝先生所提軍人武德，是軍人精神修養的核心價值；所謂武德，就是智、信、仁、勇、嚴，乃引用孔子「智者不惑、仁者不憂、勇者不懼」三達德，加上蔣中正總統補充之「信者不二、嚴者不私」，成為軍人武德的要素與內容。適值新政府即將上台、國防部長亦將易人之際，特簡要列舉武德之義，與國軍將校們共勉，並盼力行實踐，重塑軍人武德，以不負老將之殷殷期許。

八年來，國軍幾粒老鼠屎，不重軍事專業，曲意奉承，馬屁當道，PLP風氣甚於以往，壞了軍人形象，毀損軍人武德。如今馬英九即將上任，媒體已傳出三軍部隊將如何「迎馬」等云。因此，希望馬先生參酌郝先生「重建武德，尊重專業」的善言，明快宣示，要求新任部長通令三軍，官兵各安其職，各守其分，勤訓精練部隊，專注戰備演訓，以

維國家安全為首務；另者，統帥巡視慰勉部隊時，不得有喊「你是我的巧克力」之類似行為，如有故違，則摘了三級主官的烏紗帽，以重整軍紀，徹底根絕拍「馬」屁之風；同時，更應致力於軍事專業領域，讓國軍真正成為紀律嚴明、戰力堅強的新時代勁旅。

離島居民要的是「醫療人權」和「社會公義」

日前，澎湖早產兒甘小妹妹，因有複雜的先天性缺陷，病情嚴重，必須轉送台灣就醫。病童家屬要求後送至台北三總，質疑負責運送危急病人的直升機設備，引發違反衛生署「責任空域規劃」(送往台中、高雄)之爭議。最後，陳水扁總統一聲令下，動用國防部C-130運輸機，將病童轉送台北三總就醫，因此深受關注，連日來各方評論不斷。

這件被稱為「澎湖巴掌仙子事件」的主要爭議點，在於家屬指定就醫地點與醫院的要求是否過當；同時，這個案子還勞駕國家元首親自下命令，破壞了體制及引發總統濫權的爭議。但就病患家屬立場，即使有違官方所謂「責任空域規劃」的醫療體制，還是可以得到社會大眾的理解與體諒。至於產生爭議，則是再一次突顯出離島醫療及緊急救援等相關問題的嚴重性。同為離島的金門民眾，對這個事件必然感同身受且心有戚戚焉！

長期以來，對於金門醫療資源不足、醫療品質欠佳，尤其急重症病患緊急後送遭遇的難題，縣府、中央及地方民代，或其他社會團體及個人，都曾大聲疾呼的向中央反映、爭取，要求改善醫療技術與品質。本報亦不時籲請各級政府，希望重視離島醫療，改善城鄉差距，但是，獲致效果極其有限。尤其台灣政壇這些年來，以選票為政策考量的惡質選舉文化愈演愈烈，金門人口數不及台灣一個中規模的鄉鎮，在以勝選為目的的政客眼中，自然處於弱勢和被忽視的地位。

　　在現有醫療政策規劃下，金門民眾健保納入台灣北區體系。鄉親們疑惑的是，同樣繳交健保費，為什麼醫療品質與台灣竟是如此天差地別？以台北市為例，現有人口二六三萬，擁有公私立院所二八五三家，平均每萬人有一〇七位醫護人員；而金門以目前設籍人口七七四七七人計，每萬人約有八位醫護人員。再以醫師數與人口數比較，台北市現有執業醫師七四〇〇餘人，平均每三五五人可獲得一位醫師之服務；金門以署立醫院醫師之足額三十二員計，平均每二四〇〇人才分配到一位醫師。數據顯示台北市與金門醫療環境的天壤之別，以及醫療資源分配的極不公平，更遑論醫護人員的素質了。

　　此次「澎湖巴掌仙子」終得如願轉送台北三總就醫，運氣佔了絕大因素。她的好運氣是因為此際執政的民進黨在「拚選舉」；同時，弊案纏身、民調低迷的陳水扁總統要「拚政績」；加以媒體的大肆報導，終於「驚動」了總統，命令國防部支援後送任務，也因此招來了破壞體制、罔顧社會成本的爭議和批評。就事論事，假設還有下一個「巴掌仙子」，不知道是否還有這樣的「好運氣」？還是得看總統當時心情如何？從「醫療人權」和「社會公義」來說，這難道不是離島居民的悲哀？

　　這個事件凸顯了國家整體醫療政策的問題。該檢討的是離島醫療品質為何始終無法給人信心，若離島醫療後送機制出現了問題，難道病患或家屬對衛生署的「責任空域規劃」所認為「最適當的處理」只能聽天由命嗎？同樣的健保費，離島居民的醫療為何不能得到同等重視？離島的急重症病患就得忍受醫療資源不足、必須轉送台灣甚或無助等待的煎熬嗎？

　　金門的醫療資源嚴重不足；金門需要與台北健保區體系同品質的醫療水準；因此，我們要大聲的說：請給金門民眾擁有與台灣民眾等值的「醫療人權」和「社會公義」！

為「八二三砲戰紀念日」請命

　　四十九年前的今天，中共以猛烈砲火轟擊金門，金門在一夕間躍上國際舞台，西方主要媒體軍事記者採訪報導，金門如何在四十四天中，遭到中共四十七萬餘發砲彈的蹂躪摧殘，終能屹立不搖，扭轉台海形勢，使兩岸分治之事實自此底定。「單打雙不打」的零星砲火自一九七八年中共改採「和平統一」的對台政策，宣布停止砲擊，長達二十一年的砲戰才算真正結束。金門贏得「戰地」與「反共最前哨」的美名，但是戰火帶來居民性命的犧牲、屋宇房舍傾倒毀壞，無數家庭顛沛流離，這場戰禍浩劫，對經歷過的金門人身、心、靈帶來的煎熬與傷害，誰能體會？

　　國際因素與國共內戰為金門帶來這段烽火歲月。回顧歷史，金門無端的被捲入戰爭，是無辜、無奈且無從選擇的厄運，但對中華民國的貢獻卻是不可抹滅的。「古寧頭大捷」使國民政府在台灣站穩腳步，形成兩岸對峙的形勢；「九三砲戰」突顯了台灣對美國的戰略利益，成為美國簽署「中美共同防禦條約」的催化劑；「八二三砲戰」解除了台灣的安全危機，確立兩岸分治的格局，此後，雙方迄無兵戎相見的軍事衝突。隨著國際大環境的改變及中共崛起，美國亞太政策及戰略佈局相應做了調整，其對華政策也從「兩個中國」、「一中一台」的思維轉變為「一個中國」的政策架構；台灣地位問題，近年來在台灣當政者的一再挑釁下，美國從「不支持」台獨到現在改口「反對」台獨。

　　重提歷史，是要讓當今政治人物記取「戰爭無情」、「生命無價」的教訓。報載：縣議會副議長許玉昭在第四屆第三次定期大會中質詢「建請比照二二八紀念日，將八月二十三日訂為國定紀念日、放假一天」，案經縣府向內政部建議，該部函覆回應，以「紀念日及節日實施辦法」，認為現有紀念日等皆有其歷史緣由及社會背景，以在國家發展中佔有重要地位深遠影響，足資全國人民紀念者為限。「另查放假日之增列，事涉辦公時間……牽涉層面甚廣……八月二十三日訂為國定假日一節，宜再廣泛聽取各界意見，凝聚社會共識。」，這樣的答覆，我們認為是內政部官員只重政治立場、忽視廣大民意、曲解法規的輕率決定，我們深表遺憾，並提出幾點看法。

　　前述的幾次戰役，中共是「項莊舞劍」，主要目標當然是台灣，但每次戰役，受害的卻都是金門百姓與軍隊。試想，沒有當年金馬外島軍民同胞的犧牲，怎麼會有台灣的「經濟奇蹟」、「政治奇蹟」與富足繁榮的社會？這些戰役皆有其歷史緣由及社會背景，對中華民國在台灣的發展有其重要地位與深遠影響，今以「八二三砲戰」為代表，難道不足以讓全國人民紀念？說穿了，這是內政部官員對歷史緣由的認識不清，或基於政治立場的主觀認定，說法難以服眾。

　　再者，地方政府依據議會質詢之建議，報請內政部辦理，內政部理應據以廣泛聽取各界意見，凝聚社會共識，才是正辦；如今未見處理結果即輕率函覆，這種因循苟且的行政偏失，需要民間的聲音予以譴責。我們支持以八月二十三日訂為國定紀念日的建議，屆此「八二三砲戰」四十九週年之際，這樣的呼籲，希望喚起國人重新檢視這一場戰役對台灣的重要意義，設身處地的為經歷烽火歲月、走過長期軍管苦難生活的金門人想一想，「八二三砲戰」紀念日列為國定假日的歷史意義。

「金門獨立」話題平議

　　日前，李炷烽縣長率領縣府行政團隊重要成員跨海赴台，辦理「金門縣政顧問團請益座談會」，探討有關金門體制、定位、發展瓶頸等議題。其中最引人注目的是，邀請民進黨創黨大老、海基會副董事長、金門縣政顧問之一的張俊宏作「金門獨立，全盤崛起」的專題演講，其內容，本報以特載方式刊於八月二十四日第二版，引起地區民眾的重視與廣泛討論。

　　金門褪去了戰地的神秘面紗，揮別了過往戰爭的烽火歲月。在新世紀之初，小三通啟動，扮演著兩岸交流平台的角色。隨著時代的改變，有關金門定位、角色與功能，出現多元思考與議論的空間，百花齊放、百鳥齊鳴，無非都在為處於轉型階段的金門找出路。李炷烽主持縣政以來，為金門的發展苦思脫困之策，舉其要者如「擴大小三通中轉」、「金門行政特區」、「金門經濟特區」、「一國兩制試驗區」、「金廈和平特區」的構想或方案，可謂用心良苦，無奈其主控權均操之於人，縱有飛龍之志，亦難以脫出政治意識造成的淺灘。

　　金門要脫困、金門要找尋出路，一種新的聲音浮現了。在台灣主政者大力推動「正名」、「制憲」、「入聯公投」、「國家正常化」之際，本報副刊近期連載的「金門共和國獨立日記」，作者顏不二以詼諧的筆調，抒發金門人壓抑已久的情緒，成為民眾茶餘飯後的熱門話題。前述張俊宏「金門獨立，全盤崛起」的標題，醒目又聳動，很能吸引讀者的目光。同時，本報日前特載劉坤鱧「脫離運動的理論與實踐」一

文,提出金門可借鏡推動「金門脫離中華民國運動」。我們相信,這些論述都是基於對金門的善意,著眼在金門如何脫離邊陲而崛起的新思維。

金門如果要追求政治上的獨立,對正在大力推動「正名」、「制憲」走向法理台獨的民進黨必然樂觀其成;因為在台獨論者的內心深處,金、馬外島是屬於「中國」的,無法獲得所謂「台灣人」的認同,金馬要鬧獨立,豈不正中下懷?但是,在國際政治的權力結構中,金門要獨立的先決條件是台灣已經獨立建國成功,台灣獨立不了,金門就沒有獨立的條件和機會。

隨著美國國務院第二次世界大戰後之檔案陸續解密,其中有關當年「八二三砲戰」,毛澤東未同意蘇聯協助,一舉拿下金馬外島,是不希望蘇聯介入,使台海問題國際化;更重要的是,毛認為,金馬外島留在台灣政府手裡,可以製造美、台間矛盾,同時消除台澎與大陸徹底斷裂、分離的憂慮。今天,中共第四代領導人是否延續毛的想法,不得而知,但是,金門要「獨立建國」,則必將受到百般阻撓與打壓,甚至不惜動用「反分裂國家法」以待之。

金門是台灣的邊陲。面對民進黨政府欲摘下「中華民國」招牌而後快,大力推動「去中國化」的時刻,「金門獨立」可以是一個話題,但是,在務實面,金門前途發展的構想、方案,必須從國際政治的大格局中建立新的思維。我們認為,搭建「金廈和平走廊」,繼續扮演兩岸和平橋樑的角色,仍然是金門現階段的歷史任務;同時,在「維持現狀」的基礎上,如何從經濟層面突破中央政策的束縛,使地區經濟得以自立、自主、自理,才是金門再現生機的合理抉擇。

從政者應重視民意體卹民情

　　金門縣政府教育局長李再杭日前指出，由於物價上漲，引起學生家長關心營養午餐品質問題。縣長李炷烽至表重視，責成教育局檢討，計畫將免費營養午餐的主副食費，由目前的每人一餐二十七元提高為三十元。這項計畫預算如獲縣議會審議通過，將自明年元旦起實施。我們樂於聽到這項好消息，寄望縣議會議員們同予關心支持，通過該項預算，以嘉惠近七千五百位在地學子。

　　孔子說：「老有所終，壯有所用，幼有所長。」這次縣政府對學生營養午餐主副食費加碼的積極作為，有助於提供優質的餐品，讓學子們健康地成長，快樂地學習，顯示出李炷烽縣長關注「幼有所長」的那份情懷，再次展現其身為父母官能充分體察民間疾苦，施政考量民之所欲，視民如親的政治風範，這樣的用心，必然會獲得縣民的肯定與支持。

　　以這件事來對照這一陣子國家正、副元首與民對嗆的場景，我們體會到，從執政者能否真實的瞭解民情，體恤民困，以及對民意的回應方式，皆可做為對政治人物格局與胸襟的觀察指標。一個當權者，在面對老百姓發出日子不好過的哀鳴時，卻以尖酸刻薄，無情低劣的惡言與人民互嗆，這樣激進狂躁的表現，不但傷了老百姓的心，而且有失國家領導人的格調，也失去了執政者應有的民主風度。

　　年來，國內物價上漲勢頭難以停歇，該管事的行政院拿不出具體有效的辦法來解決，尤其自柯羅莎颱風過後，物價漲風達到頂點，菜

價居高不下，民生用品價格持續上揚，社會底層民眾聲聲叫苦，政府束手無策，自然民怨沸騰。民生凋敝至此，有司部門理應各憑專業，找出問題根源，採取因應措施，以穩定物價、安定民心。但是，這個時候，政府卻置民生問題於不顧，為了動機頗受質疑的議題，集府院黨之力，動員國家行政資源，如火如荼地大搞「入聯公投」路跑活動，如此顢頇無能又蠻幹的政府，怎不叫人搖頭嘆息！

一個單純的物價問題，可以演變成國家元首與小民對嗆，並指稱對方是演戲、是造假，然後以低劣粗暴的言語，將人民置於對立面，並指控是媒體的設計或政敵的醜化，緊接著，再將這些只因生活陷於困頓、苦苦哀告的民眾，延伸為唱衰臺灣、不愛台灣，與本土政權為敵，並叫這些人「游去中國」。歸結言之，這不又導入了為選舉而操弄對立、操弄族群、操弄統獨，暴露出政客醜陋的嘴臉和惡毒的心態。事實上，底層民眾生計困難的聲音，為了生存問題的基本要求，被執政者刻意扭曲，並且予以妖魔化，這樣的領導人，其人格與教養必須受到公評。

按照陳水扁總統的政治邏輯，認為搞好經濟並不一定能贏得選舉，所以，在他的內心深處，施政品質良窳、民生經濟問題都不重要，只有選上最重要。是故，國家領導人不以天下蒼生為念，只知一昧追逐權力，難怪他對於民眾抱怨生活艱困，根本嗤之以鼻，而且還反諷、反嗆。古云：「辱人以不堪必反辱，傷人以已甚必反傷。」須知「罵人是造口業」，所以，今日民眾對陳水扁嗆聲蔚成風潮，這難道不是自取其辱嗎？因此，對這樣一個總統，人民還有什麼好期待的呢？我們要奉勸陳水扁總統，在他所剩的有限任期中，總要留點口德，不要再以不堪入耳、尖酸刻薄的言詞傷害老百姓了。

端正選風選賢與能

　　立法委員選舉，日前完成候選人號次抽籤作業。值此選舉活動即將正式開跑前夕，懍於輿論公器的社會責任，謹就端正選舉風氣問題提出我們的看法，籲請候選人及社會大眾參考。

　　公職人員定期選舉是民主社會的常態，但是，民主政治的成熟度卻與其選舉文化有著密不可分的關係。所以，同樣層級的選舉，因為候選人條件及選民水準的差異，決定了民選公職人員的素質，也關係著施政與問政品質之良窳；選對了人是人民之福，選錯了人則是國家社會之禍，也是人民之不幸；所以，我們國家會有一個在清廉、誠信、道德與品格多方面都受到國人及友邦質疑的領導人，這是惡質選舉文化下的產物。就如前總統李登輝最近說的「過去選錯人，大家現在正在受懲罰。」這是所選非人一個活生生的教訓。

　　這次立法委員選舉的方式有小部份變革，每位選民都有兩張票，一張投「區域立委」，一張投「政黨」。一個政黨的「政黨票」必須超過總投票數的百分之五，才能分配「不分區立委」名額；簡言之，就是「一票選人，一票選黨」。本屆區域立委部份，金門地區應選名額一名，然有六人參選，誠然是僧多粥少之局，競爭勢必激烈。依照金門縣選舉委員會公佈的競選活動時間，是九十七年一月二日開始，但選戰卻早在大半年前即已煙硝四起，隨著投票時間日近，各陣營競逐將趨於白熱化。

　　金門地區的選舉文化，早期受特殊的氏族與聚落生態影響至

鉅；候選人只要人品或人緣還不差，靠著宗親、地緣及人情等自然關係，在選舉時佔盡了優勢，「小字姓」則難以出頭；基本上，這個階段的選舉仍然保持著島鄉純樸的特性。自從開放鄉鎮村里長選舉以來，由於選舉次數頻繁，又受到台灣惡質選舉文化之污染，某些候選人為求勝選，攻訐、謾罵、抹黑、造謠等負面選舉手段，時有所聞；尤其是每到選舉，各種買票傳聞「賄聲賄影」，花招百出，因為賄選而繫案者亦大有人在，選風敗壞不但破壞了公平選舉環境，更模糊了選舉焦點，令人興起到底是「選賢」或是「選錢」的感慨。所以，惡質的選舉文化、卑劣的選舉手段以及買票賄選等骯髒的選舉手法，都應該受到社會大眾的譴責與唾棄。

選賢與能是民主政治的真諦；但是，如何讓賢能者出頭，卻考驗著選民的智慧。因為，在這個媒體發達的時代，候選人藉由公辦政見發表會、電視演說、報紙廣告、文宣摺頁、宣傳車以及各類型的造勢活動，提出林林總總的政見或選舉支票，讓選民看得眼花撩亂；另者，宗親、地緣、人情因素以及前述惡質的選舉文化等，均將影響選民作冷靜的思考與理性的抉擇。

因此，這次立委選舉要選對人，選民必須從六位候選人當中，選擇一位人品好、學養佳、政見前瞻務實，並且具有高度服務熱忱，可以為我們嚴格把關、監督政府施政，可以為地區爭取福利，勇於問政的俊彥之士。同時，我們呼籲各參選人，應該遵守選罷法之規範，在公平公正的原則下，以政見取勝，行君子之爭。

此外，為了端正選舉風氣，有司部門在加強反賄選教育之同時，更應鼓勵檢舉不法，嚴加查察賄選，營造一個優質的選舉環境。

走正道守法紀　辦一場公平公正的選舉

　　立法委員選舉競選活動已正式開跑，金門縣選舉委員會日前指出，由總統簽署公佈於九十六年十一月七日生效的「公職人員選舉罷免法」新增之第五十條規定，「中央和地方政府各級機關於公職人員選舉競選活動期間，不得從事與選舉宣傳有關之活動。」要求公務人員應嚴守行政中立，依據法令執行職務，不得從事助選活動。同時列舉了考試院「公務人員行政中立法草案」中幾項制度性規範，以此標準來檢視當今檯面上政治人物的表現，不難發現那些政治人物公然帶頭違法，尤其是「只准州官放火，不准百姓點燈」的惡劣行徑，應為有志從政者戒！

　　參與選舉走正道、守法紀，是我們對政治人物的最低要求標準，這樣的理想境界，目前在台灣就如同空中閣樓般的遙不可及。尤其是執政者於二○○四年大選，操弄「公投綁大選」的巧門得利，因而樂此不疲，讓原本一項反映民意的良好設計，變成操作選戰的工具，失去公投的合理性與正當性。從這次立委選舉來看，公投議題與領、投票方式爭議不斷，民進黨用專擅之行政權，將應該中立超然的中選會視為黨的選舉機器，蠻橫而不講理地以一階段領、投票定調，並以威脅且近乎恐嚇的方式硬幹，強迫國民黨退讓，這種「鴨霸」行為，模糊了這次選戰焦點。再從選民對這次選舉的瞭解來說，一次領四張票，怎麼個投法？多數選民還是「霧煞煞」，尤其年長者更易於搞錯，因此，哪個政黨意圖在選務混亂與爭議中取利，或別有所圖，已

昭然若揭。

　　依據憲法設計之精神，總統居於五院之上，應超然於黨派之外，且具有調和鼎鼐之政治高度。可議者，當年從黨外時期，打著維護公理正義旗號，批判威權體制、黨國不分的民主鬥士，蒙政治民主化之賜，得以登上國家元首寶座，惟其所行不公不義，較諸威權時代實有過之而無不及。執政貪腐無能姑且不論，就選舉期間，以總統之尊兼任黨魁，對其黨內參選人士之助選活動，耗費大量行政資源，這都是民脂民膏，假公濟私莫此為甚。凡此，均有違公務員「不得介入黨政派系紛爭」，「不得於上班或勤務時間從事助選活動」的約制。因此，就選舉行政中立而言，陳水扁總統及所屬官員都做了最壞的示範。無怪乎，前民進黨籍立委沈富雄日前調侃綠營濫用執政資源，「報應很快就來臨」。

　　金門的政治生態雖然有別於台灣，但是選舉文化卻深受台灣影響，古人有言：「見賢思齊，見不賢則改之」。在競選活動進入短兵相接的階段，候選人莫不使出渾身解數，力求勝選。我們期望候選人們，不投機取巧、不賄選，或使用「奧步」等負面選舉方式以求僥倖，以免造成劣幣驅逐良幣的遺憾。同時，希望競逐者各方保持君子風度，以務實的精神，理性的行為，遵守遊戲規則，以政見博取選民的支持，俾能獲得實現自己政治抱負的機會。

　　此外，我們呼籲選民們要唾棄買票賄選的行為，更要譴責造謠、抹黑、咀咒、謾罵式的負面選舉手段。同時，鑑於行政力介入選舉，為人所詬病，我們也籲請地區公務人員，應遵守「公職人員選舉罷免法」的相關規範，嚴守行政中立原則，唯有在行政中立、候選人守法、選民理性的情境下，才能辦一場公平、公正、公開、乾淨的選舉。

投給金門的未來一票

　　想要害一個人，就鼓勵他去參加選舉。這話，像是警示著參與選舉從政是件吃力不討好的事情；雖然說，參選從政者，有的是為了名，有的是為了利，也有不少是具有高遠政治理想者。有人從政，名利雙收，獲得正面評價；有人從政，搞得身敗名裂，徒留笑柄，從政結果好壞不論，不少人還是樂此不疲。

　　距離今年三合一選舉投票日剩下不到一百個小時，台、金兩地只要這次有辦理選舉的縣市，各陣營間已進入短兵相接階段，各候選人卯足了勁奮力衝刺，競選花招紛紛出籠，以求勝出。金門這次選舉熱鬧非凡，縣長寶座七搶一，縣議員卅人搶十九席，六個鄉鎮長總共有十七個人角逐，呈現參選爆炸、競爭激烈之局。尤其縣長選舉候選人數更破了全台紀錄，具有實力的幾個陣營攻城掠地，戰火還延燒到台灣和大陸。選舉就是如此，有時敵友難分，只要一對壘、殺紅了眼，朋友就變成敵人，選舉，考驗人的品格，也讓人們見識人性醜陋的一面。

　　金門的社會福利好遠近馳名，在台灣是「頂港真出名，下港有名聲」。但是，近幾次選舉選風敗壞、賄聲賄影也冠於全國。在台灣的各類媒體，平常想看看金門的新聞，難得一見，但是這一陣子，媒體上「金門抓幽靈首波八十人」、「金門賄選案×人收押」、「金門追查賄選，樁腳收押」、「金門『賄選島』，最新行情一票五千」、「選風亂，金門喊到一票一萬」…。這些聳動的標題躍然選舉新聞的版面。根

據金門地檢署日前表示,偵辦賄選案件,截至十一月廿六日止,總計七十八件,收押四人,並有近十人交保,顯示賄選情形嚴重,所以,金門選風的負面形象已到「頂港有臭名,下港夕名聲」的地步,孰令致之?

回顧金門民主政治發展史,軍管時期,先有中央民代選舉,黨政軍體制下,軍權獨大,推出的人選有一定程度的名望,不管大姓、小姓,同額選舉、高票當選是其特徵,姑且稱之為「有戰地政務特色的金門民主」。開放鄉鎮長民選後至戰地政務解除開放縣長民選,以及民代等各類選舉,此期間政黨因素與宗親因素相互作用,姓氏作用甚至凌駕黨政意識,有別於台灣的「地方派系」政治,可稱之謂「宗親政治時期」。

金門染上「選舉沒師父,用錢買就有」的賄選歪風,或許是不成熟民主政治發展的必然。尤其是地方小、選民少的特性,某些席次的選舉可能出現一、二票之差決勝負的情況,因此,除了政黨因素、宗親因素,賄選買票於焉產生,「賄選島」污名從此揮之不去。

這次選舉競爭激烈,各陣營殺得昏天黑地,加上負面選舉方式與賄選傳聞不斷,顯示金門的民主品質還有很大的改善空間。投票日已近,為了金門的未來,只能期望選民擦亮眼睛,以寶貴的一票讓好人出頭。

冷靜理性投下神聖一票

　　立法委員競選活動已進入尾聲，各候選人莫不卯足勁作最後衝刺，依據「選罷法」約制，所有競選活動將在今天晚上十時結束。明天是投票日，立法院新任委員將由選民投票產生；同時，由於公投綁選舉，投票方式複雜，選民是否弄清楚怎麼個投法？不無疑慮。因此，投票前夕，我們再次提醒選民有關這次選舉的主要項目，以及領票、投票的相關問題，讓選民可以投下神聖的一票。

　　今年立法委員選舉是國會改革席次減半的第　次選舉；同時伴隨著「全國性公民投票案」第三、四案公投。在立委選舉部份，實施「單一選區兩票制」，投票時，每人領取兩張選票，一張是淡黃色「區域立委選舉票」，投給您所支持的候選人；另一張是白色的「全國不分區及僑居國外國民立法委員選舉票」，投給您所支持的政黨，以得票比率達百分之五以上政黨，依比例分配不分區當選席次。金門地區本次應選立法委員名額一名，選民須從六位候選人中選出一位為地區代言的立委。

　　另者，在「全國性公民投票案」部份，由於兩案主文均甚冗長，不予詳述，簡言之，第三案是民進黨連署推動之「討黨產公投」，第四案為國民黨連署成案之「反貪腐公投」，兩張公投票均為粉紅色，選民可自主決定是否領、投這兩張公投票。惟自選舉活動以來，有部份為特定政黨服務之「地下電台」，傳播「不領公投票會被罰款」之不實謠言，恐將左右投票人之意願，因此「中選會」已於日前澄清並予駁

斥；亦即領了立法委員選票，至於是否領取公投票，全依選民自主決定。但是，由於立法委員選票與公投票係採一階段領、投票方式，易生錯誤、混亂或糾紛，為了顧及選民權益，特別提請留意。

立法委員職司政府重大法案審查及監督政府施政角色。尤其這次國會新選制產生的立委素質，攸關國家民主政治發展的前景，對台灣政治生態影響至深且鉅。但是，由於朝野兩大黨對於立委選舉與公民投票採一階段或兩階段，吵鬧了好一陣子；以及要或不要領公投票，兩大黨各有盤算、各顯機巧，因而模糊了選舉焦點，導致選民忽略了立法委員選舉的重要性；同時，因為中央政府無視於行政中立的民主價值，非理性的負面選舉方式，更甚以往，致選舉的公正性與公平性受到質疑，有識之士莫不憂心忡忡！

此外，選舉活動迄今，惡質選風無所不在，民主政治品質與格調受到侵蝕。尤其是賄選傳聞不斷，截至目前為止，全國涉嫌賄選列為被告者已愈萬人，金門地區則有將近五十人列案偵辦中。而在其它負面選舉方面，地區少數候選人亦不遑多讓，諸如以攻訐、抹黑、造謠等手段，在競選造勢活動場合惡意批評對手，或以報紙廣告詆毀，或租用電視頻道抹黑，凡此，有無事實根據，抑或憑空捏造，選民或觀眾根本無從分辨，但卻可能因此對受批評、質疑、抹黑者造成無可彌補的傷害，有失民主選舉公平原則的規範，應予譴責。

明天就要投票，希望各候選人陣營遵守選罷法規定，在法定時間內停止一切競選活動。同時，再次呼籲選民們必須冷靜思考，以自己的智慧，理性地從這六位候選人當中，選出一位學識、能力、品德值得信賴的理想對象，做為我們的代言人。另外，公投票領取與否，請依個人自由意志，自主決定，希望在選務不生爭議的情況下，讓這一場選舉平和落幕。

金門的民主進化

　　金門縣長選舉是民國81年解嚴以後的事，比台灣晚了將近40年，解除軍管、回歸憲政，縣長民選已進入第5屆。這次選舉，李沃士先生在七人角逐、三足鼎立的形勢中脫穎而出，誠屬不易，縣長選舉結果對金門的民主進化具有正面且令人欣喜的特殊意義。

　　金門自有選舉以來，經歷無數次大大小小選舉，宗親因素往往成為左右選局的重大影響力，尤其是地區性單一席次的選戰，幾乎都是一、二個大姓的對決。曾經在一次縣長選舉期間，某大宗族「關祖厝」密會，據聞與該宗族同宗、時任金防部領導高層亦與會「指導」（金門雖已解除軍管，軍方仍具有相當影響力，支持、暗助特定人選），做了幾項具體決議，決定動員宗親及所有力量全力支持該宗族候選人，這些傳言，當年甚囂塵上，是宗親動員的經典之作。

　　民國85年冬，奉調政治作戰學校，離職前分別向陸軍總部及軍團部幾位長官辭行，某長官鼓勵我，是否回鄉參選縣長，我說，陳水在縣長政聲不惡，人氣正旺，難以撼動，他說，不是要你挑戰陳，而是推薦你回金任公職，經營一段時間，待機參選。我分析金門選舉宗親因素影響選局之特性，短時間不會改變，要參選，只要「姓得好」就已經穩住了一大半，並列舉數個大姓候選人在學識、品德、才能、儀表等基本條件比對手遜色者卻能勝出的事例為證，所以，我身為外來第二代，又是小姓，想在金門角逐大位，可能成事乎？因此敬謝不敏。長官拿我名字調侃說，志勝、志勝，有志氣就會勝，回曰：這不是有無志

氣的問題，因為我姓「施」，在這件大事上就「失」了志氣啦！

　　從金門縣長選舉觀察，第1屆縣長選舉，陳水在挾官派現任及宗親團結之優勢勝出，再連任第2屆，從官派到民選，是金門民主的第一次進化。之後，李炷烽於第3屆縣長選舉獲勝，且又連任一屆，顯示金門選舉除了政黨、宗親、地域、金錢、人情等條件之外，候選人個人形象亦成了勝選因素，這是金門民主的第二次進化。

　　這次縣長選舉，七雄角逐，賽局最後形成三強爭霸之勢。在投票日前夕，選情混沌，到底宗親因素發酵為「李陳對決」或有「棄保效應」等小道消息，沸沸揚揚，待選舉結果出爐，許多選情專家滿地找眼鏡碎片，從得票數來看，李沃士領先吳、陳兩位落選者近2800票，吳成典與陳水在則相差數十票。這個結果傳達的訊息是，金門的縣長選舉，宗親因素是否日漸式微？可否視為金門民主的第三次進化？有待進一步深入研析。

　　由此次縣長選舉初步觀察，可以肯定是金門民主政治發展的進一步深化。於此歲末年終，藉2009年代表字「盼」，為家鄉祝禱，祝福李沃士縣長新人新政展新猷，帶領金門邁向可大可久的未來，更期盼金門民主政治不斷進化，讓優秀人才都可以透過民主選舉入主縣府，那才是「選賢與能」的具體實現，也是金門民主政治發展邁入成熟階段的表徵。

從金門的角度看大選

　　總統選舉投票日倒數十五天，進入最後衝刺階段，惟未見雙方陣營就治國理念以及政策政見的理性論辯；但見某陣營以抹黑、抹紅、扒糞等負面選舉手法「光碟」、「周報」滿天飛；兩組人馬目前陷入近身肉搏、口水戰纏鬥不休的殊死戰中；復因執政者無視於民意歸趨及國際政治現實，刻意以「公投綁大選」，讓原本單純的選舉憑添無法預期的變數，一場高規格、高層次選舉，因此淪為低劣惡質的民主荒謬劇。

　　中華民國建國以來的金門，從孤懸海上的小島，隨著國共內戰的歷史際遇，成為戰地，兩岸對峙時期，曾經是「海上長城」、「反共的前哨」、「臺灣的屏障」；無論早期的重兵駐守，或因時移勢轉，兩岸融冰，藉由「小三通」成為兩岸和解、民間交流的平台，金門都默默承受著「工具性角色」的地位，它被重視或輕忽，端視以「臺灣為主體思考」的國家利益而定。尤其是政治民主化以來，經歷數次中央級選舉，以金烈水道那座時沉時浮的「大橋」為例，落到如今「看破自己造」的地步，政客這種選舉說一套，執政沒半套的選舉「芭樂票」，正是金門人心中無法抹滅的痛。

　　民進黨執政八年，陳水扁當初競選時「有夢最美，希望相隨」的美麗辭藻與漂亮語言，在其執政下，已化為泡影，臺灣人民進入有史以來生活痛苦指數攀到最高點的現實。美夢已碎，希望破滅，臺灣不能讓貪腐無能、信用破產的政黨繼續執政，社會瀰漫著對看守政府

不滿的氛圍，民間浮現換人換黨做看看的呼聲。因此，這次總統大選的結果具有國家社會向上提升或繼續向下沉淪的指標性意義。在此關鍵時刻，從金門的角度觀察，就國家層次的大格局與繁榮地方建設的立場，提出一些看法。

就國家層次的格局言，台灣需要什麼樣的國家領導人？我們從國民政府遷台後歷任總統比較，答案自然清楚。尤其政黨輪替後這八年，台灣的民主價值受到扭曲、經濟活力橫遭扼殺、族群關係撕裂嚴重、百姓生活痛苦指數日增，陳水扁政府所做所為使整體國力由盛而衰，在人民心靈烙下的印記，正好提供選民一個思考空間，同時激發選民對一位新總統的期待。

從大方向來說，國家需要一位能使台灣民主深化、政治清明、族群融合、經濟發展、兩岸和解的領航者，因此，檢視兩組候選人公布的政策政見，不難從中分出優劣良窳。另者，對於候選人的學識、能力、操守、品德等人格特質，亦為選擇國家領導人的重要參考因素，選民可以從對政治人物的長期觀察中，檢視其公眾形象，據以定出高下。

其次，就繁榮地方建設的角度言，日前曾以「兩黨總統候選人應提出適當的離島政策」為題的社論，表達我們對兩黨候選人欠缺積極性離島政策的失望，同時期盼兩個陣營補做功課，交出適當的離島政策作公共討論，迄今未見回應，誠屬遺憾！我們認為，馬謝雙方宜就以往對金門未來發展所提出之零星主張，逐項落實為具體計畫，納入競選政見，展現重視離島政策之誠意與用心。

總之，國家的長遠發展必須要有明確的治國目標，更有賴一位高瞻遠矚、正直廉能、勤政守信的領導人。我們認為，一位有能力帶領國家整體發展的總統，必能兼顧地方的建設與繁榮，因此，從金門的角度看大選，「總統選對人，金門向前行」，這是我們最基本的看法。

慎思明辨選賢與能

　　距離總統選舉投票只剩一星期，選民的最後抉擇，將決定國家未來四年，甚至八年的主政者。馬、謝兩組候選人誰會勝出，仍是未定之天。根據總統選舉罷免法規定，投票日前十天是民調報導、引述或評論的禁制期，所以，不論先前各方民調支持度、看好度如何，隨著選戰白熱化，選情正陷入緊繃且渾沌不明的階段。選情動態更可能由於雙方陣營戰略的重大調整或戰術性攻防而產生變化，最終的選舉結果，票一開出則乾坤底定。

　　選賢與能是我國自古以來的傳統觀念，如司馬遷「史記」記述之「堯雖賢，興事業不成，得禹而九州寧。且欲興聖統，惟在擇任將相哉！惟在擇任將相哉！」同時，更由於堯選賢任能，以公天下的思想，後來禪位予舜，成為禪讓政治的經典之作，傳為千古佳話，讓後世稱頌。此外，觀諸我國各朝各代之興替，典章制度雖有不同，然而在推薦、考核和選拔賢能者從事政務的宗旨卻是一貫的，亦即選出賢臣良相參與政務，是中華文化傳統政治中最重要的觀念，只是舉薦方式不同於今日。

　　民主政治一人一票，票票等值的普選制度，落實了以民為主、人民是頭家的民主價值。但是，民主政治最大的問題，在於透過民主方式的公開選舉，卻因為選民結構、選舉制度、選民素質等因素，致才德庸劣之政客可能因為善於投機取巧之手段而得逞；至於賢良之士，如不隨波逐流，不能當選，則難以施展其政治理想與抱負，這就是為

什麼台灣的負面選舉與惡質選風日益猖狂弊病之所在，因此，民主政治中的選舉，必須選民具備理性、理智以及成熟的民主素養，才有智慧去判斷、鑑別候選人的優劣，並做出正確的抉擇。

這次總統大選，兩組候選人都是政壇的老臉孔，理論上，選民應該可以從對這幾位政治人物的長期觀察中，再就候選人的學識、品德、操守、能力以及雙方所提治國理念與政見，分辨優劣高下。但是，台灣的選舉文化，由於選民結構受省籍意識、政治立場等因素之影響，缺乏理性思辨，容易流於情緒或族群之爭；同時，歷次選舉曾見候選人操弄負面及惡質選舉方式，致選舉結果一夕翻盤之例子屢見不鮮，造成所選非人之憾！選民事後發現上當受騙，已於事無補。

我們認為，國家領導人的格局，對內，要能協和族群、團結全民，具備發展國家經濟，改善人民生活之基本條件者；對外，應該具有國際觀，要有能力促進兩岸和平，並在國際社會足以維護國家尊嚴之領導者；同時，更應具備建立一個有治國能力的執政團隊且操守廉潔之政治領袖，這是選民對國家領導人最基本的期待。

司馬遷「史記」中有「國之將興，必有禎祥，君子用而小人退。國之將亡，賢人隱，亂臣貴」的論述。我們認為，在人心思變、人心望治的關鍵時刻，選民宜就兩組候選人中，從他們的人格特質、治國理念與政見，並檢視他們自選戰以來的行為表現。慎思明辨，理性抉擇，是要選擇一個可以「完全執政，完全責任」的政府，或者付託給一個「靠一張嘴贏得選舉」的政黨？

請重視偏遠離島人才之培養與拔擢

　　馬英九當選總統迄今月餘，新政府執政團隊籌組期間，外界高度關注，寄望頗深。準閣揆劉兆玄於日前公布第一波十七位閣員名單，這些即將走馬上任的部會首長，大部分是過去國民黨執政時期的老面孔，引發綠營立委們譏為「新瓶裝舊酒」、「老人內閣」、「了無新意」；支持者則認為，新政府要「馬上上路」，需要熟悉政務者才能立即進入情況，希望由財經老手們為馬英九「拚經濟，救民生」的政見打響第一炮。

　　馬英九在競選期間及當選後，曾多次在公開場合表示，選用人才的標準是「才德兼備」而且「德重於才」，強調新政府的人事布局會讓大家耳目一新。但是，在臺灣特殊政治環境衍生的政治文化中，馬英九用人標準的理想，仍然得考慮族群及省籍因素。這次準閣揆公布之前，甚至有論者認為，總統是外省人，行政院長應找本省人，以達省籍平衡；更有國民黨立委在劉兆玄宣布第一批內閣名單時，質疑「為什麼只有王昱婷是南部人？」這種純然以權力分配與地域平衡的角度作訴求，泰半是以選票因素考量為著眼，固然不十分妥適，但是，截至目前為止，從新政府的人事布局中觀察，難脫兼顧族群與省籍因素之思維。

　　馬英九以七百六十五萬餘票高票勝選，自然有感於人民付託之重，尤其在民進黨八年荒政，百廢待舉之際，亟欲於新政府上台後立即在政績上有所表現的急迫感，是可以理解的。所以，在這次新閣籌

組過程中，不難嗅出這個以財經為主的執政團隊，欲借重「老幹」之經驗，先求穩住陣腳，再徐圖發展的氣息。劉兆玄在百政待舉之時應命組閣，標舉「廉能、專業，新團隊；永續、均富，新臺灣」的施政理念，社會大眾對於即將走馬上任的新團隊應寄予樂觀的期待。但是，基於廣泛培養人才以蔚為國用的立場，我們有責任提出一些看法，做為主政者後續覓才之參考。

我們認為，政治菁英並非一蹴可幾，必須經過長時間之陶鑄、磨練，將來方能大用。雖然為國舉才應不分省籍、不分畛域，但卻應兼顧弱勢族群或偏遠地區人才之培養與拔擢，方不至於在新閣第一波人事公布時出現「為什麼只有王昱婷是南部人？」的不平之鳴。同理，我們也有「為什麼沒有金門人進入內閣」之嘆。是因為蕞爾小島無足輕重？抑或地區人才不濟？亦請未來的主政者傾聽這個來自小地方的聲音。

事實上，金門地方雖小，蒙政府早年重視教育之賜，在艱苦環境中，培育出許多學養俱優之士，貢獻於社會各階層。如今，僑居海外之卓越人士不計，就臺金兩地，士農工商各行各業，出類拔萃者實不勝枚舉，渠等縱有鴻鵠之志，惟小島寡民，難以施展。這些人才，符合「才德兼備」且「德重於才」者不乏其人，企盼今之伯樂，引為大用，則國家社稷之福，地區之幸！

因此，我們期盼新政府在這一階段籌組新內閣的人事布局，或者後續人才的培養儲備，以「才德兼備」且「德重於才」之同等標準，更應兼顧偏遠離島人才之拔擢，提供給他們在中央政府政務官層次歷練的機會，俾蔚為國用。所以，我們認為，對金門人來說，新政府這次在遴派福建省政府主席的人選，具有重要的指標性意義。

為金門未來發展探求真正民意

馬英九當選總統，絕大多數國人咸表興奮，不僅讓台灣原有的生命力得到釋放，社會更呈現蓄勢待發的活力。選後的這段時間，他本著「從感恩出發，由謙卑做起」的心情，以準總統的身分，展開謝票行程、請益之旅，同時布局新政府人事，展露旺盛企圖心。新政府即將上任，能否扭轉民進黨過去八年荒政造成的困境，社會大眾寄予高度的期待。

新人新政，大陸政策走向、兩岸關係發展，即將進入新階段，金門再度處於未來角色與定位的歷史機遇。因此，這段時間以來，關心金門未來發展者，無論官方與民間社會團體或個人，以公共論壇、座談會之集思廣益；或投書本報言論廣場之讜論；或在縣府網站流言板之建言；以及金門技術學院周陽山教授提出「金門十二大建設芻議」，綜觀之，其中具有許多利於金門未來發展之可行方案，至為寶貴。本報亦先後以二十餘篇社論，提出對新政府的期許及對金門未來發展的意見；凡此，都在想方設法為金門尋找出路。

回顧馬英九競選期間有關金門未來發展之政見，包括：擴大開放大陸觀光客，小三通進出兩岸身分不受限制，希望與廈門興建跨海大橋，以及開放大陸學生來金門就讀等。此外，他於四月三十日參加北區工商界代表座談，聽取企業界的建言，當時，金門縣商業會理事長蔡天送建請推動「擴大人員經金門自由進出適用對象、重點發展金門為快遞貨運基地、金門開放博奕及成為免稅島，以及金門和平

特區」等政策。馬英九回應表示，十分關注「後大三通時代金門何去
何從」的問題，希望能在最短時間內，到金門聽取各界意見，為金門
找到一個定位，協助金門持續發展。

準總統馬英九這個傾聽民意再做決定的說法，點出了金門何去
何從的核心問題，那就是，究竟誰能代表真正的民意？這是個弔詭且
複雜又難解的命題。試以我國現行民主制度言，民選之地方首長，擁
有多數民意；另者，議會貴為民意機關，議員們亦各自背負著一股民
意。因此，府會雖然各有其民意基礎，但是，政府施政必須受到民意
機關之監督，則是民主政治的基本原則。諸如此次金酒公司投資遠
航之計畫，因議會未通過而擱淺，固然是民主機制使然，但是否可解
讀為多數民意的決定？是否真能符合民眾的最大利益？真正民意何
在？無從評估，只能予以尊重。

再者，民意之探求，透過民意測驗、民意調查，是否就能代表真
正的民意，亦屬見仁見智。依前述縣商業會對新政府之建言，是企業
界共同的心聲，不盡然代表地區民眾之共識，若以其中「開放博奕產
業」項分析，府會對此議題在立場上即出現差異；另參考縣府去年委
託金門技術學院所做民意調查顯示，民眾對博奕產業問題，41.2%表
示贊成，50.8%不贊成，8%無意見或不知道，因此，究竟何者為真正
民意，難有定論。

改變，需要主政者之高瞻遠矚，更需要決策者之政治智慧與道
德勇氣。在「後大三通時代金門何去何從」這個關鍵議題上，我們建
議李炷烽縣長應該義無反顧地扮演推動金門未來發展的火車頭，站
在金門主體的思維，以開放、包容、多元價值的態度，針對各界提出
之眾多議題與建言，探求真正民意，審慎評估，詳予規畫，謀求共識，
從而選擇具體方案，提供主政者決策之參考。

塑造公務員廉政文化

　　行政院日前通過「公務員廉政倫理規範草案」，預定自八月一日起開始實施。規範對象包括中央機關與地方政府公務員，舉凡吃飯、送禮、請託、婚喪喜慶、人情往來，一概擬定具體標準；草案中將公務員收禮規範擴及配偶、直系血親、同財共居之家屬或藉由第三人名義收受後交予公務員本人者，都視為本人受贈。行政院同時編組「中央廉政委員會」，每月召開會議檢討防貪肅貪及陽光法案的推動情形。新政府這項為了整飭官箴而採取具體的防貪肅貪作為，可收激濁揚清之效，有助於建立政府清廉形象，應予喝采。

　　送禮文化中外皆然，惟因國情不同而有差異，尤其官場送禮有明有暗，即使形諸法制，遇貪墨之徒有時亦難以約制，諸如為防止官商勾結，政府早已有「公務人員財產申報法」、「遊說法」、「政治獻金規範法」以及「公務人員懲戒法」等諸多之規範，但是，規章制度再怎麼完備，投機取巧者仍有巧門可鑽，前第一家庭貪瀆弊案即為顯例。因此，行政院為了落實馬總統廉政之要求，訂出規範公務員收禮標準的職場準則，並建立查核檢討機制，固然顯示新政府防貪肅貪之決心，若能上下同心落實，將為政府帶來新氣象。但是，這種合法收禮的規範，公門中人是否都能遵此誡律，而就此弊絕風清，則有待時間之檢驗。

　　政府的廉潔度是國家進步與否的重要指標；官員清廉與否，則關係民心之向背與政權的興替。八年來，人們見證了一個號稱「清廉、

勤政、愛鄉土」的政黨，因為擁有權力，卻走向貪污腐化，以至於喪失民心，被人民唾棄，政黨再度輪替的事實。另者，最近香港政治與經濟風險顧問公司公布的「亞洲十三經濟體的清廉度」排行榜中，我國排名掉到第七名，甚至遜於馬來西亞，這是民進黨政府貪腐無能為國家帶來的負面形象，值得新政府警惕。

官箴之良窳，取決於居上位者之引領；而吏治之腐化，起於人性愛財、多慾之心；心有貪念而枉取則為貪官污吏之行徑；所謂上行下效，上者不濫收禮券，下者自然不會走內線；如果大官大貪，小官必然也跟著貪，這就是「其身正，不令而行；其身不正，雖令不從」的道理。所以要澄清吏治，必須從主政者做起，政府高層官員不貪不取，樹立榜樣，嚴懲貪贓枉法者，必能帶動風氣，達到「風行草偃」、「海晏河清」的政治清明之境。

為兌現馬總統高道德標準的清廉執政理念，劉內閣劍及履及，以行政規範廉政誠律，要求各部會首長以身作則，並提出「主動發掘、明快處置、配合偵辦、對外說明」四項標準作業程序，充分展現出整飭政風的決心與行動，固然值得肯定。但是，良法美意，尚須完整的配套措施，才能逐步落實，我們認為，合理待遇是支持公務員勇於任事、嚴守清廉本分的基礎，所以，如何從制度面強化公務員不必貪、不要貪、不想貪的先天條件，進而以完備的法制規範嚴懲貪瀆，才能達到不能貪、不敢貪的理想境界，讓他們做一個有尊嚴、受人尊敬的公務員。

廉政文化邁入新紀元之展望

　　金門縣政府依據行政院「公務員廉政倫理規範」,並參酌其他縣市之規定與審酌地區特性,訂定「金門縣政府公務員廉政倫理規範」,於今日付諸實施,希望透過此一規範約制,落實廉政倫理,樹立公務員廉能典範。另者,已閒置三年半之久的監察院,在新任監委產生後,今日正式走馬上任,新任監察院長王建煊早已磨刀霍霍,展現整飭吏治、嚴肅官箴的決心,民眾普遍寄予厚望。這次監察院重新開張以及「公務員廉政倫理規範」起跑,標誌著我國廉政文化邁入新紀元,對於端正政風、澄清吏治具有深遠之影響,意義非凡。

　　高行政效率的政府,是國家進步與否的重要指標;廉潔的政府則是國家邁入現代化國家之林的重要因素;亦即政府官員的廉潔可以為國家提供正面形象的條件;所以,廉潔與行政效率對國家形象有著相輔相成、互為因果之作用與影響。因此,不論哪一個政黨執政,政府肅貪防弊工作都列為重要施政目標之一。所以就法制層面言,歷年來,經由法定程序訂頒之相關法令,諸如政治獻金規範法、公務人員服務法、公務人員財產申報法、遊說法、公務人員懲戒法、公務人員考績法等等,都有相應之防貪肅貪規範,堪稱完備。馬政府上台之後再祭出「公務員廉政倫理規範」,著眼於建立清廉執政的形象,凸顯端正政風、澄清吏治的決心。

　　行政院制定「公務員廉政倫理規範」之初,對於公務員廉政規範,舉凡受規範之行為,包括受贈財物、飲宴應酬、視察或公務出差、

請託關說、兼職、演講、評審等活動之酬勞,很多細節的規定,被外界質疑鉅細靡遺、矯枉過正、陳義過高,甚至不切實際,有窒礙難行之虞。此次金門縣政府依據行政院版本及參酌各縣市之規定,並就地區風俗民情之「正常社交禮俗標準」訂定「金門縣政府公務員廉政倫理規範」,有因地制宜之特色,惟公門中人是否都能遵守相關規範,蔚為風氣,是一項極大挑戰。

政府設官分職,經理庶務,公務員理當以國家利益與民眾福祉為念,忠於職務,恪守其分,為國家社稷興利除弊,為民眾提供最佳服務,才能贏得人民尊敬。但是,政府官員在推動政務時,大自國家政策,小至公務員執行一般庶務,往往夾雜著或明或暗的利益。所以公門中人得公權力之便,若不能依法行政,不知潔身自愛,未加規範,則易生弊端,更何況政府訂定肅貪法令雖稱完備,惟貪瀆案件仍然有增無減,例如民進黨執政時期,所謂第一家庭都涉嫌貪腐,此乃權力使人腐化之極致。

再就我國憲政體制言,行政院置法務部及調查局與各級政風機構,司法院轄各級檢察機關,監察院獨立於行政、立法、司法、考試權之外,這些機構均負有端正政風、摘奸發伏、澄清吏治之權責,惟其功能偶因政治力之左右而未能充分發揮,素為國人所詬病,殊為可惜。至盼相關機關協調合作,貫徹依法行政,落實肅貪防弊之功能。

劉兆玄院長在推動「公務員廉政倫理規範」時一再強調,公務員應嚴守清廉本分,才能建立勇於任事、高效負責的政府。因此,廉能政府的建立,端賴各級政府的領導者率先示範,始能克竟其功,所以我們認為「大官守法,小官廉潔」是落實公務員廉政倫理規範的第一步。

對取消軍教免稅的看法

　　行政院賦稅改革委員會日昨召開工作會議，財政部長李述德會後表示，取消軍教免稅已達成共識，預計明年上半年將所得稅法修正草案送交立法院審議，若完成立法程序，明年就可以實施，後年申報綜所稅時適用，金門地區具該等身分者亦受影響。

　　回顧國民教育教師免納所得稅之法源，始於政府在民國三十二年二月十七日首次制定所得稅法，當時小學教員的薪給各省不一，且未達課稅起徵點，所以在第二條第二項寅款規定「小學教職員之薪給免納所得稅」。政府遷台後，由於財政困難，未能改善渠等待遇，乃繼續沿用此一政策，並於民國四十四年十二月二十三日修法時，納入相對更微薄的軍人薪餉和托兒所與幼稚園教職員薪資比照國小教師免稅的規定，此後不再擴大免稅範圍。民國五十七年開始實施九年國民教育，國中教師爭取比照國小教師免稅，迄民國六十八年一月九日立法院三讀通過實施。因此，從時間點觀察，這個軍教免納所得稅的規定，是當年不同階段的現實需要，更是歷史的偶然。

　　事實上，軍人捍衛國土，保護人民，必須犧牲奉獻以達成使命；而國民教育教師，則是從事作育英才，百年樹人的工作，早年所謂「清高」的職業，是「窮教書匠」的雅稱，但是他們的工作是神聖且值得尊敬的，在那個收入微薄、生活清苦的年代，獲得租稅的優惠，有其正當性。惟隨著時空環境之變遷，軍教人員待遇逐年改善，目前薪資相對於一般民眾已達中高所得的水準，令人艷羨。所以上開基於身

分別、職業別之免稅規定，有違所得稅及租稅公平原則，多年來各界迭有不同評議，取消軍教免稅之修法工作迄今二十餘年，但案子卻在財政部、行政院、立法院之間兜了幾圈，如今又回到原點，行政院賦改會此番再將之列為稅改項目，財政部長李述德表示「我們本來就是要做事負責，不負責就下台。」顯示其堅持稅改之決心。

納稅是國民應盡的義務，相信絕大多數的軍人及國中小學教師都樂於做一個善盡納稅義務的公民。尤其是軍教免稅這個議題已被貼上政治標籤，讓他們承受享有特權的污名誤解，必須忍受一般民眾異樣眼光的時候，允宜以維護職業尊嚴的高度，支持政府的賦稅改革政策。但是，處於軍人與教師不得組織工會，也沒有罷工權的弱勢地位，他們的合法權益尤其應該受到保障與重視，秉於言責，謹提出以下看法，提供政府參考。

一、稅法之前，人人平等。賦改會這次研議稅法修正案，包括個人所得稅法、遺產贈與稅法、能源稅條例、土地稅法、房物稅條例及配合經濟發展的相關稅法⋯，多達十九項，因此，在研議取消軍教免稅之同時，政府更應同步思考整體稅制改革的公平與正義。也就是基於賦稅公平的修法精神，制定符合社會正義、公平合理的稅制，避免「劫貧濟富」的不公平現象。

二、合理的待遇是取消軍教免稅的基礎。合理的待遇是指上開軍教人員的職業類別、工作性質、工作時間、工作環境等條件及其所提供勞務獲得報酬的合理性，不能純然從薪資額度與社會一般職類做比較，因此，軍教人員待遇與社會上比較是相對優勢或相對弱勢？均應納入研擬修法之參據。不能以「課多少補多少」的思維，採「補償」政策為已足，同時，應該從改善待遇，並提供合理的工作環境，也就是要有完整、合理的配套措施，排除「課稅等於減薪」的疑慮，才是這次稅改成敗與否的關鍵。

國慶感懷話滄桑

今天是雙十國慶日，在這個屬於中華民國自由地區人民擁有的特殊日子裡，謹以歡欣鼓舞的心情，祝賀我們國家生日快樂！更以虔敬的至誠，祈祝國家風調雨順，國泰民安！

回顧中華民國近百年歷史，清朝末年政治腐敗，列強侵略，民不聊生，中華民族在屈辱中，面臨存亡關頭。孫中山先生領導革命，歷經十次挫敗，終於在辛亥年八月十九日（西元一九一一年十月十日）武昌起義成功，創建了亞洲第一個民主共和國；這是先烈先賢為了實現建立自由、民主國家的理想，拋頭顱、灑熱血，歷盡艱辛所寫下光輝燦爛的一頁。其後又歷經掃除軍閥、剿共、抗戰，飽嚐戰亂與顛沛流離的艱苦歲月，及至大陸淪入中共之手，政府播遷來台，勵精圖治，開展各項建設及推動國家現代化。

政府遷台之初，美國發表與中國關係的白皮書，當時政府面對赤焰進逼、風雨飄搖、危疑震撼、國脈如縷、窮途末路…的困境，幸賴蔣中正總統撐起這個危局，終能力挽狂瀾保住台灣，延續國家命脈。所以，蔣中正與台灣的關係，就如馬總統最近接受日本「世界月刊」訪談提出的看法，認為蔣中正有「光復台灣、保衛台灣、建設台灣」三大貢獻，整體而言「瑕不掩瑜、功大於過」，洵屬持平之論，自應持感恩之懷。之後，嚴家淦總統任內政治穩定，對日後台灣經濟發展也有貢獻。

民國六十、七十年代，蔣經國先生歷任行政院長、中華民國第六

任總統，期間國內外政治情勢發生重大變化，對台灣造成極大衝擊，經國先生主持國政，奮發圖強，勵行革新，推動十大建設先後完成，健全法治、選賢與能，發展工業，拓展外貿，經濟快速成長，國民所得躍登亞洲四小龍之首；同時提倡社會勤勞儉樸，明禮知義，復興中華民族固有文化等等措施；尤以在其晚年推動政治改革，於民國七十六年七月十五日解除戒嚴令，為台灣的民主政治發展奠定了堅實的基礎。概括言之，經國先生在逆境中，為建設台灣、奠基民主、藏富於民做出開創新局的歷史貢獻，以及他親民愛民、平淡務實、廉潔自持、鞠躬盡瘁的高尚情操，國人至今仍然感念不已！

　　李登輝總統主政十二年，台灣在既有的經濟繁榮基礎穩健發展，同時逐步推動政治改革，以和平的方式透過修憲，完成國會全面改選，進而運用其政治技巧，達成「總統直選」的修憲任務，落實「主權在民」的民主價值，完成政治民主化的初階目標，被譽為「政治奇蹟」。惟在其推動政治民主化過程中，衍生黑金政治的負面形象，以及國家認同產生歧異與族群問題爭議，勢必影響其歷史定位。其後，台灣首次政黨輪替，陳水扁擔任中華民國第十、十一任總統，「中華民國」成為民進黨借殼上市的符號，先營造出台灣就是中華民國的假象，進而想徹底摧毀中華民國體制，逐步推動建立一個「新而獨立的國家」，終因其失德荒政，貪腐無狀而失去政權。

　　今天是國民黨重返執政、馬英九總統就任後的首次國慶日，值此國事惆悵，世事滄桑之際，回首中華民國過去的春秋歲月，列舉政府來台後的歷任國家領導人簡要事略，提供主政者參考，當思「見賢思齊，見不賢而內自省」的胸懷，秉持「以民為本」的思維，力行中道，奮鬥不懈，帶領國人為中華民國的發展再啟新頁。

兩岸交流篇

翻轉中的金門

所謂「攘外必先安內」，

殷望主政者不要自我分化，

統獨休兵、關心民生、發展經濟，

進而建立追求兩岸整合安全戰略的新思維，

兩岸關係話從頭

　　回顧歷史，兩岸分治五十六年餘，中共對台政策，從「武力解放」台灣，演變至今的「和平統一、一國兩制」，堅持「一個中國」原則，是一直不變的底限。近期陳水扁政府，不顧美國政府勸阻、不理會國內近六成民眾的反對聲浪，更無視中共的指責與恫嚇，悍然將「國家統一委員會」終止運作、「國家統一綱領」終止適用，這種私心自用，不顧國脈民命，「橫柴舉入灶」的蠻幹作風，將使國家社會付出慘痛的代價。

　　長期觀察兩岸關係發展，可以發現到二〇〇〇年台灣政黨輪替，政權和平轉移之後，中共對台灣的政策與態度有了微妙的變化。中共面對爭取「台灣獨立」意識濃厚的民進黨政權，一開始並未採取在李登輝主政時期「文攻武嚇」的激烈作法，對陳水扁就職「四不一沒有」的宣示，以「聽其言、觀其行」的方式因應。即便是在陳水扁否認「九二共識」，發表「一邊一國」言論之後，中共也僅透過美國向台灣施壓。探究其原因，可以察覺中共在經過一九九五、一九九六，以及一九九九年的台海危機，美國與中共關係空前緊張，也認知到處理「台灣問題」而與美國決裂，並不符合中共的國家利益。同時，美國因為反恐、北韓核武威脅、中東問題及在中國之經濟利益，均有賴中共的支持與協助，雙方修好，得以讓美國政府正視中共在國際間的影響力。因此，中共發現，要處理「台灣問題」，北京——華盛頓——台北才是捷徑。

　　二〇〇四年台灣總統大選，陳水扁拋出「公投」、「制憲」的議

題，中共不再單獨面對，以迂迴戰術，透過美國向台灣施壓，讓阿扁改變了公投的內容，化解了可能劍拔弩張的台海危機。大選結果乃中共所不樂見，因此，在陳水扁就職典禮前三天，中共中央「兩辦」(中台辦、國台辦)聯名發布一份措詞強硬的「五一七聲明」；隨之，陳水扁的「五二〇講話」則被中共解讀為「並沒有回到一個中國原則立場。」由於兩岸領導人互信不足與尖銳對立，中共為防制陳水扁政府走向法理台獨，乃於二〇〇五年三月十四日祭出「反分裂國家法」，兩岸關係發展再度陷入停滯甚至倒退的情境。

陳水扁此番「廢統」之舉，從農曆大年初一言論一出，歷年來第一季經濟旺季隨之逆轉為一片慘綠，台股下挫，台幣應聲而扁(貶)，國人數以千億的資產瞬間蒸發。直到二月二十七日決定「終統」收場，看來阿扁又鞏固了其在民進黨內一把手的地位，成就了自己，卻害慘了黎民百姓，這種以少數操控多數的作法，十足是民主政治的反面教材。「終統」，傷害了美台關係，毀損台灣的國際信譽，違背台灣絕對多數民眾的期望，更對兩岸關係帶來不穩定的因子，台海情勢又進入一個相當嚴峻且充滿變數的階段。

中共「兩辦」在二月二十六日的談話中，指責「陳水扁是台灣島內、兩岸關係、亞太地區的麻煩製造者。」但也提到「兩岸同胞已經結成實實在在的命運共同體。」重申對未來兩岸關係平穩發展的期待。也就是將陳水扁與台灣人民分別對待，一方面孤立、打擊陳水扁，另一方面則加緊拉攏台灣民眾的情感，為和平統一創造有利條件。

台灣內部在政客刻意操弄下，族群撕裂、朝野對立、內鬥不已。所謂「攘外必先安內」，殷望主政者不要自我分化，統獨休兵、關心民生、發展經濟，進而建立追求兩岸整合安全戰略的新思維，以談判代替對抗，謀求一個和平穩定的兩岸關係。並寄望兩岸領導人，在認同中華民族的民族情感基礎上，認知兩岸人民同文同種的淵源，努力化解「一個中國」的爭議，使兩岸關係朝向和平穩定的良性互動發展，則黎民蒼生幸甚！

揚州許師傅的一席話

　　大陸旅遊回來兩個多星期，看著台灣政壇藍綠兩大黨惡鬥愈演愈烈，尤其立法委員選舉戰鼓頻催，所謂「民主內戰」方興未艾。政治亂象的源頭卻是來自一個角色混淆的國家領導人，挾黨、政、軍、特所有國家機器，為自己的私利在衝鋒陷陣。物價漲不停，基層民眾叫苦連天，卻遭無情回嗆；搞「入聯公投」企圖固票，對友邦苦苦相勸充耳不聞；治國無能，正事做不好，幹起不正經的勾當卻一把罩，看此番「去蔣拆匾」，法律程序、行政倫理都不顧，想幹啥就幹啥，任誰也擋不住，看那位斜眼歪嘴的綠色黨徒出言無狀，耀武揚威，嗆聲要與人比膽識，失去了官員應有的格調；就連一個應該超然中立的「中央選舉委員會」也淪為民進黨的選舉機構，民主政治玩到這個地步，離極權專制的獨夫只剩一線之隔。感慨莫名中，憶起在大陸揚州許師傅的一席話。

　　十一月廿七日由南京搭車到揚州，與同行好友陳君將行李寄存後，搭公車到瘦西湖附近的站牌下車，本擬按既定計畫步行遊覽瘦西湖，適有數位三輪車伕攬客，一向按自助遊蒐集資訊所擬計畫進行，而且堅不接受當地旅遊業者招攬的原則，今日卻破了例，這位許師傅年約四十五，親切和善，吳儂口音聽來頗順耳，乃將計畫中幾處景點相告，談妥價錢，二人登上他的人力三輪車，沿瘦西湖一線開始了這個歷史名城之旅。許師傅熟門熟路，讓我們節省了不少時間，尤其地方風土人情、歷史佚聞或一景一物之典故，如數家珍。例如他說：「不到瓊花觀，來了揚州都不算」，令人興起必往一遊之念，到了之後，他又將瓊花觀與隋煬帝開鑿運河的事連接在一起，不論他所言真假，卻也是新的見聞，與他相處六個小時

中,就是如此輕鬆自在地遊遍了揚州城的十幾個景點,真是不虛此行。

那日午後來到舊城區,邀許師傅一同用餐,我倆一直未表露台灣身分,但他眼尖早就看出是台灣客。出門在外,尤其在大陸,我通常不會與人談到政治問題,但是同行陳君與他不知不覺間談起台灣的政治亂象。陳說:「有批評者認為陳水扁政府『去中國化』、『去蔣化』這些荒誕不經的作為,就像大陸當年搞文革一樣………。」;許師傅回曰,大陸十年文革的政治運動,造成經濟大倒退,尤其對中華文化、文物的破壞更是歷史浩劫,在那個民生凋敝的年代曾受過苦難的人,心裡的創傷迄今仍然無法平復,改革開放以後,古蹟重修重建已失原汁原味;台灣如今步文革後塵,政治鬥爭下來,將會導致人與人不信任,凡事要問立場、問成分、問顏色的結果,人性遭到扭曲與摧殘,害慘了無辜的老百姓。

一般大陸人士,不論官方民間,主張「祖國統一」、反對台灣獨立的態度都是很堅決的。但是許師傅對兩岸關係卻有他獨特的看法,並且語出驚人地說,他反對台灣獨立,但也不支持統一,認為台灣的民主制度是一股激化大陸政治改革的力量,所以,只要不統,而且台灣愈來愈好,這樣大陸的民主發展才有希望。不過,他現在非常憂心,一方面是阿扁搞台獨鬧得太不像話,狂躁激進容易失控,那天擦槍走火導致兩岸兵戎相見,造成無辜百姓死傷、經濟倒退,人民受苦,大家都完蛋;另一方面,台灣政治鬥爭愈演愈烈,必然影響經濟發展,民不聊生,國力衰退,共產黨正好拿來教育人民說台式民主不好,還是共產黨一黨領導下的人民民主專政好。最讓許師傅憂心不已的是,一旦台灣亂了、經濟垮了,要靠大陸來救,到時不統一都不行,只要中國大一統,大陸的民主發展可能就要往後延好幾年了。

許師傅這一席話,與民國七十年代蔣經國主政時期說的「台灣的前途在大陸,大陸的希望在台灣。」有異曲同工之妙,由此看來,揚州一位三輪車伕的見解,應該算是給台灣這些勇於內鬥、想搞獨立的政客一記當頭棒吧!

擴大小三通金門向前行

　　李炷烽縣長欲率團登陸，參加六月五日在北京舉辦的「兩岸同心，重建家園」四川震災募款晚會，一度受陸委會所阻；在民意壓力、立委質詢、劉兆玄院長關切下，終於決策急轉彎，同意他以「金酒公司顧問」身分前往大陸。李縣長臨行前，面對媒體時痛批陸委會「百般作梗、敬酒不吃吃罰酒」；同時批判新政府對馬英九承諾五二〇之後擴大小三通的支票，至今毫無動靜，讓金門鄉親認為馬總統這張競選支票已經跳票了。這些充滿金門本土性格且隱含金門人滿腔不滿的發言，雖然有點火氣，但是擲地有聲，令人激賞。君不見，陸委會賴幸媛主委馬上將這張被「遺忘」的支票列為「緊急議題」處理；李縣長之怒，得其時也！

　　本專欄自九十五年三月復出，筆者忝為筆陣之一員，迄今拙作已見五十七篇，其中以政治（時事）評論篇目居多，由於當初要求以本名刊登，心理壓力甚大。兩年多來，蒙鄉親、前輩、同學、老友不棄，褒多貶少的評價或鼓勵，繆承厚愛，愧不敢當。但是，由於針砭時政，亦曾於縣府留言板見讀者指陳「以諷刺、挖苦、醜化民進黨為樂………」等批評意見，深表感激，也深感抱歉，理當自省並予尊重。惟筆者自認，凡所述評係以事實做基礎，絕非刻意醜化；手邊上還有些未曾浮上檯面且不堪聞問之事例，如今這些人都下台了，已不值一評。權引那位自焚的台籍老兵許昭榮先生的話，做為民進黨八年執政總結，許曾說：「民進黨一再違悖『天佑台灣』之旨意，執政上又犯

了『無能、無仁、無義、無德』等作風,連鬼神都敬而遠之。」

　　台灣媒體受政治影響至深且鉅,媒體各有其立場,藍綠傾向從其對不同政黨的褒貶尺度即可分辨,所以要求媒體要有公正、客觀、超然的立場,大概是「僅供參考」。但是,不論媒體立場如何,基本上,政黨輪替就是換另一批人被罵;民進黨執政時被罵得臭頭;如今國民黨才剛上台,也已被罵得灰頭土臉。日前,某鄉親說希望再看「批扁」、「批民進黨」文章,我說,政治戲台主角換人,將會以對前朝政府的同樣標準、同樣的批判角度,來檢視現在執政者的人或事,絕對不會拍「馬」屁,該褒不貶,該罵不捧,所以,政治評論是對事不對人為原則,才不致偏頗。

　　回頭看看陸委會以「緊急議題」處理擴大小三通之議。媒體報導,陸委會「相關官員」表示,小三通不能全開,問題之一出在金、馬機場運量不足,目前也看不到地方政府有任何獎勵興建旅館的政策,所以「無法全面開放的原因,責任並不是都在陸委會。」這是四平八穩的標準「官話」,卻是敷衍塞責的屁話。試問,金門機場運量不足是誰的責任?應該怎麼改善?而且依現有條件,可以開放到什麼程度,陸委會評估過嗎?尤其是,把興建旅館的責任推給地方,更是狗屁不通,政策是中央在主導,政策不明朗,政策不放行,地方政府獎勵興建旅館會有人來投資嗎?這些都是決策部門該思、該想、該拿出辦法來解決的,不能推給地方政府為自己卸責。

　　所謂事在人為,就看做與不做,若要做就不要做些小鼻子小眼睛的事來,例如,現行小三通,在台眷屬可隨持有金馬證者辦一次往返簽證,但卻限制眷屬如果是公務員不能簽證、隨行,因此,假設一家三口人要去大陸,兩人走小三通,另一人得從港、澳中轉,這種為德不卒的事,決策的官員該不該打屁股?

　　臨停筆前,從網路新聞看到一則好消息,劉兆玄院長在答覆陳

福海立委質詢時，明確承諾兩週內全面實施小三通。這則消息令人喜憂參半，喜的是政策終於開放了；憂的是劉揆如此率然承諾，中央政府及地方政府都準備好了嗎？因此，希望行政院即組跨部會協調機制，妥為規畫短、中、長期之相關配套措施，地方政府也應即籌謀因應作為，以完善政策之美意。

理解和包容是兩岸人民交往的基礎

　　大三通起跑，這是繼民國七十六年政府宣布開放探親以來，兩岸關係發展邁入新階段的歷史性盛事。不用繞道的直航，顯示著兩岸已經拋開往昔的恩怨情仇，向著一個各自想像的理想或目標奔馳。海空直航及通郵全面啟動，將擴大雙方在經貿、教育、文化、體育、宗教……甚至政治層面的交流往來；兩岸民間互動增加，對各個方面都會產生深遠的影響，勢必為兩岸關係發展帶來新局面，也將為兩岸語言、文化加大彼此影響和互相激盪的空間，從互動中增加瞭解，拉近人與人的距離，文化的相互激盪與影響，其效應難以評估，值得觀察。

　　兩岸人民雖然同文同種，但是政治因素的阻隔，意識型態的不同，生活背景差異所產生文化疏離與隔閡，沒有接觸、沒有交往是無從真正察覺或瞭解的。當年，小三通為金門與廈門開啟了頻繁交往的機會，七年來，藉由雙方官方交流以及民間尋親、探親、訪友、旅遊之往來，再度連結雙方自古以來地緣相近、血緣相親、文緣相連、商緣相通、法緣相繫的「五緣之親」；尤其今年十月下旬在廈門市翔安區舉辦的「第三屆世界金門日大會」，更為雙方的交流合作譜下了光明炫麗的篇章。追溯歷史，金門、廈門、同安關係密切，源遠流長，五緣之外，語言、風俗、宗教信仰更是源自一脈，因此，文化交流與融合水到渠成。例如：某次旅廈的一個飯局上，席間有一位當地官員，一口

道地的金門話及「金門腔的國語」，讓我誤認他是正港的金門人，好奇心起，問他怎麼有本事從金門跑到大陸當官，回說他是大嶝人，又說民國時期曾屬金門縣治，話起同鄉之誼，彼此距離瞬間拉近，交換名片，現在已成好朋友。

開放大陸探親、台商登陸以及赴大陸觀光，由點到面的接觸，點點滴滴都可以察覺兩岸間的某些差異。在軍事對峙，雙方老死不相往來的年代，兩邊的政治宣傳偏於自賣自誇且貶抑對方，那一個世代的金門人體會比台灣人更深，對岸廣播、砲宣彈的傳單，大底都在強調「共產主義新中國的偉大成就」、「要解放水深火熱中的台灣同胞」，對內地同胞宣傳說「台灣同胞窮得吃香蕉皮度日」等等；我方則細數「共匪十大罪狀」，以「解救鐵幕裡水深火熱的大陸同胞」為職志。記得二〇〇〇年年底陪岳母返鄉探親，第一次「登陸」，岳家親友們提問這些事，回說，兩岸同胞都曾有過一段受苦受難的日子，只是苦的程度和時間長短的差別而已，瞧瞧，我像吃香蕉皮長大的樣子嗎？語畢，個個捧腹大笑。

大陸改革開放以後，最早接觸到與台灣文化有關的事物，首推流行歌曲；當年，鄧麗君甜美動人的歌聲，風靡大陸，大陸方面曾以「資本主義的靡靡之音」批判它，進行反精神污染的宣傳，但是還是抵擋不住「白天聽老鄧，晚上聽小鄧」的風潮；不少走過那個年代的大陸人士說，鄧麗君的歌聲解放了他們的心靈；曾聞「軍事反攻未成，鄧麗君的歌已經統一中國……」的政治笑話，說明音樂能撼動人心，可以穿透政治與意識型態的禁錮。同時，能引起共鳴的音樂，也可以拉近人與人的距離，曾在一個唱歌場合請內地的朋友教唱大陸歌曲「為了誰」，之後，他要我教他唱「愛情一陣風」（閩南語歌），大家的共同語言就在節奏有快有慢的歡唱聲中；唱歌，有時候也可以是人與人之間增進瞭解、拉近距離的催化劑。

隨著台商登陸，內地人對台灣人的印象，大都來自於所接觸到的台商為主；曾有內地朋友對台商在大陸帶給社會風氣的一些壞影響，以之作為對台灣人「品質」的批評，流於片面且武斷；乃舉默默耕耘，在異鄉辛苦打拚，對大陸經濟發展有著不可忽視的貢獻，對大陸社會文化有正面影響的幾個事例，這些人代表的才是台灣人誠信、正直、勤奮、進取、包容的特質。如今，大三通來臨，兩岸人民擴大交往，雙方更有機會與時間去理解各地文化之差異，從文化的相互激盪中增進瞭解，以包容來建立友誼。

兩岸關係回顧與前瞻

　　二〇〇〇年政黨輪替，陳水扁上台之初亟思改善兩岸關係，當年慶典文告或談話，多次宣示要開創兩岸新局，國人寄以希望。但後來的發展恰恰相反，兩岸關係不進反退，主要原因是執政成績不佳，貪腐弊案傳聞不斷，以及台獨基本教義派勢力掣肘，為轉移焦點，只好選擇犧牲兩岸關係為代價，先是否認「九二共識」，再以「一邊一國」激怒中共，兩岸關係因此惡化。扁政府內政不修，經濟不振，卻不斷以新憲、廢國統會、公投入聯等策略操作統獨議題，弄得美國都跳腳，批扁是「麻煩製造者」，台美關係降到低點。要言之，阿扁執政八年，激化統獨議題，導致兩岸關係停滯、空轉，對立加劇。

　　二〇〇八年三月廿二日，馬英九當選總統，將兩岸關係視為上位的外交政策，以「和平共榮」的新思維處理兩岸關係，在就職演說提出「正視現實、開創未來；擱置爭議、追求雙贏」的主張，以「一中各表」的九二共識基礎，啟動海基、海協對話平台，積極推動雙方關係。大陸國台辦面對台灣新的政治情勢，提出「建立互信、擱置爭議、求同存異、共創雙贏」原則，希望兩岸雙方共同努力，開創和平發展新局面。六月十二日，海基會董事長江丙坤與海協會會長陳雲林在北京會談，為海峽兩岸兩會中斷十年的僵局開啟了歷史新頁，會談敲定周末包機和陸客觀光兩項議題，簽署正式協議；中共總書記胡錦濤於會見江丙坤時說了「平等協商、善意溝通、積累共識、務實進取」，希望實現攜手合作、共同發展、互補雙贏的目標。

二〇〇八年十一月三日，大陸海協會會長陳雲林來台，創下兩岸分隔六十年，大陸來台訪問層級最高官員的新紀錄。之前，馬總統提出「正視現實、互不否認、為民興利、兩岸和平」基本立場，表達對兩岸政策的高度期待。這次「江陳會談」在台北舉行，民進黨強力動員黨員如影隨形抗議，包圍會談、餐敘地點；政府則動員七千名警力強力維安；黨政官員與大陸訪客觥籌交錯，場外嗆聲不斷，形成國、共兩黨水乳交融，自己內部吵翻天的有趣場景。這次會談簽訂包括航運、海運、郵政合作與食品安全機制等四項協議，等於宣告大三通已然來臨，深層意義是兩岸兩會建立制度性協商機制，為雙方正常交往營造良好條件。

　　第三次「江陳會談」於今年四月廿六日在南京登場，順利簽署包括：兩岸空運補充協議，將包機直航更改為定期航班；司法協議，建立司法互助與共同打擊重大犯罪機制；金融協議，建立金融合作監管和貨幣清算機制；同時達成開放陸資來台投資的共識。由於雙方談判代表幾度交手，都有誠心與善意增進彼此關係，也累積了彼此的信任，這樣務實交往，就兩岸長遠發展的大格局來看，符合雙方利益。根據近期部分媒體民調顯示，馬政府以兩岸交流為主軸的施政漸獲成果，也得到多數民意的支持，值得注意的是，在野黨對政府的任何兩岸政策作為，總以「傷害台灣主權」的立場，持反對意見；更令人遺憾的是，兩岸都可以捐棄前嫌坐下來談了，但是朝野兩黨卻始終王不見王，雙英不會，總是隔空喊話，毫無交集。看來在野的民進黨如果不能放掉意識形態上非要反中共、反國民黨的立場，台灣就得一直沉陷在這種藍綠鬥爭的惡性循環中。

　　兩岸關係在台灣來說是一個既複雜又微妙的政策領域，排除國際因素，就台灣內部而論，說穿了是藍綠政治利益的糾葛。馬政府一年來在兩岸關係上快速融冰，北京、台北、南京等三次「江陳會談」，

雙方計達成九項協議、一項共識,和平共榮成果逐漸呈現,實屬不易。前瞻未來,面對在野人士對台灣主權問題的憂慮,馬總統必須一本「以台灣為主,對人民有利」的政策原則,化解內部歧見,凝聚共識,只有自己人團結,才是與對方談判的最佳籌碼。至於民進黨,應該務實面對兩岸關係新局,提出一套符合國家利益的兩岸政策論述,允為該黨當前不能迴避的重要課題。

海峽論壇福州行

　　兩岸關係發展是我研究領域中最關心的一項議題。今年三月廿五日,大陸國台辦發言人范麗青在記者會宣布,第一屆「海峽論壇」由福建省人民政府與國台辦等部門合辦,將從五月十五日到廿二日在廈門、福州、泉州、莆田等地分別舉行,論壇主題是「擴大民間交流,加強兩岸合作,促進共同發展」;主要活動包括:開幕式和論壇大會,海峽兩岸經貿交易會,海峽文化藝術週,兩岸民間交流嘉年華等四大板塊;強調是「兩岸民間交流大平台,將廣泛邀請台灣各界人士、特別是台灣的基層民眾積極參與,以突出民間性、廣泛性、社會性的特點。」因此,亟思參與這項歷史性的盛會,感受兩岸民間交流的氣氛,觀察這個論壇活動辦理的盛況。

　　這次論壇活動的項目、場次極多,涵蓋文化、藝術、學術、宗教、經貿、旅遊、直航、青年交流等面向。我最想參與的是五月十六日晚在廈門市會展中心舉行的開幕式和次日在廈門海峽會議中心舉辦的論壇大會,為了達到參會之目的,花了不少時間上網查尋,並以電話與陸委會、海基會、國民黨中央黨部相關部門,以及所熟知的一些經常從事兩岸學術、文化交流的協(學)會等社團組織連繫,查詢是否受委託報名,均以「莫宰羊」回應;甚至查詢大陸國台辦:86—10—63571××0電話,響了老半天,總沒人接;正苦思為何不得其門而入之際,五月初,一位商界朋友相邀,透過一個從事兩岸經濟合作的促進會,報名參加海峽論壇福州市的主題日活動,正是「踏破鐵

鞋無覓處，得來全不費工夫」。從這次經驗也體會到，一個想「積極參與的個體戶」，如果不依附於某個組織，很難成事，這就是為什麼會有數以萬計的所謂協會、學會、公會、工會等等社團組織充斥的原因，有個組織平台才好辦事。

五月十七日，搭頭班船「東方之星」赴廈，逕往松柏車站乘長途快運至福州，前往景城大酒店與朋友的這個「交流團」會合，瞭解這次行程。晚餐後，福州市接待單位專車接往閩江公園望龍園江濱大舞台，準備參加「海峽緣、故鄉情」大型文藝焰火晚會，豈料天公不作美，車行途中下雨，抵閩江公園時雨勢更大，由於未備雨具無人下車，八點正，準時施放煙火，透過車窗向外望，焰火與大雨爭豔，頗為壯觀、新奇；大雨未歇，文藝表演看不成，難掩失望，原車返回飯店，早早休息。

十八日，是這次論壇活動主題日的重頭戲。一早來到福州金山展覽城前的廣場，九點正，首屆海峽論壇的重要活動之一──第十一屆海峽兩岸經貿交易會（海交會）開幕，大陸福建省、福州市等重要領導與台灣政黨、縣市首長、企業界代表等參與，行禮如儀，主、客輪流致詞，觀賞舞龍舞獅以及一些民俗遊藝表演活動，開幕式後進入展覽城中心館A、D館，近千個展位提供台灣廿五個縣市名優特產品展售，金門高粱酒、貢糖、一條根等等土特產攤位也吸引了眾多賓客駐足，台灣去的政商人士如許信良等則是媒體追逐聚焦的對象。這個展覽城為閩台兩地面向全球的商品搭建交易平台，是兩岸經貿交流與合作的主要場域。下午二時，參加兩岸經貿行業對接洽談會，副省長李川及經貿方面的幾位主管官員分別釋出多項優惠台商、鼓勵投資的政策，並簽訂了幾個合作協議。次日，應邀至平潭縣參訪，發現它與金門地理條件諸多相似之處，是極具發展潛力的一座島嶼，將另予介紹。

　　海峽論壇定位於民間性，是繼「國共論壇」、「博鰲論壇」與海基、海協兩會協商機制之後另一個兩岸交流的新平台，可以看出中共對台工作之投入與用心；藉由這個交流平台，將對台工作深入到台灣基層民眾，以惠台措施與交流合作，廣泛爭取台灣民心；這也是促進兩岸關係朝向良性發展的新模式，格外具有意義。反觀台灣，面對兩岸關係新形勢，國內朝野政治領袖們應該思考的是，兩岸和諧交往中，我們可有互利雙贏的發展策略？

看見大陸文明發展的曙光

　　國共內戰造成一九四九年兩岸對峙分治，迄今一甲子。六十年來的兩岸關係從隔海對打、老死不相往來的軍事對抗，到如今走上談判和解道路，依歷史發展軌跡看，不過是一兩個人的黨派之爭和一己之私，一個念頭、一個政策，造成了黨仇家恨與無數家庭的悲歡離合；也因為一兩位政治領袖理念與思維的轉變，跨越歷史仇恨，擱置政治爭議，以談判代替對抗，兩岸關係因而大幅改善，馬英九上台的第一年，中共講了三十年的三通終於實現。以此觀之，雙方如果在和平、和解的理念基礎上繼續交流往來，那麼政治議題的和平談判早晚將被觸及，但在兩岸關係漸入佳境之際，雙方存在著的一些差異，應如何化解，值得關注。

　　大陸改革開放以後，經濟穩定發展，尤其近十年來，國家經濟成長率大多是二位數字，今年在全球經濟低迷中朝著保八努力，算是不錯的了。經濟發展與硬體的基礎建設是相輔相成的，共產黨有一個優勢，就是政策拍板定案，說幹就幹，看看廈門的城市公共交通系統（俗稱BRT），全長廿八公里的高架快速道，只花一年時間就完成了，效率驚人；這要在台灣，光是土地徵收、不滿者抗爭、議會審查就可以耗掉好幾年。但是，大陸的物質建設與生活水平隨著經濟發展直線上升，在精神建設方面是否與時俱進、相應提升，是一個值得探討的問題，我們講精神建設，大陸習慣說「講文明」，由於它涵蓋面太廣，大概只能從接觸到的一些人或事的感受略述一、二。

某次，受委託辦理一件房產違約金案，前往座落於廈門市蓮前東路一棟大廈的開發商集團總部，公司頗具規模，辦公室就使用了兩個樓層，儼如公門，經大樓保安指引進入某部門，很禮貌地說明來意，相關資料、證件交付接辦人，將近半小時，她坐著、我站著，然後又像送公文的小弟似地跑了另外兩個部門，比較在意的是，為了時效，要求通融上樓給審批即可取得支票，該部門主管說，你從台灣來也不能例外，我們辦事是有程序的，你明天再來一趟吧！只好悻悻然離去。心想，他們按規定、照程序，一板一眼辦事固然沒錯，但是一個私人企業，充滿衙門作風，實在不夠文明，所以要講服務態度或以客為尊的理念，還有很大的改善空間。

　　兩岸人民在不同政治體制下各自過了一甲子歲月，社會型態、生活方式和人文素養與做事方法存在著不少差異，要化解這些差異，需要彼此尊重和時間的磨合。前一陣子，有位鄉親向我抱怨，說他兒子在華南地區某知名大學就讀，以往海外生與大陸生分區住宿，校方自下個學期開始，將採海外、大陸生混合住宿，他兒子與一些海外學生現在都不願住校，想到外面租房子住，做家長的認為住校單純又安全，住外面比較複雜且經濟負擔加重，但不知怎麼說服兒子，也不理解該校這項改變的用意何在？就教於我，乃說，學校的立意也許是良善的，但是總要設想到海外來的學生如果因此不願住校，將會造成家長的憂心與不安，；所以，基本上這是溝通與尊重的問題，就這件事來說，不能說幹就幹，怎麼加強溝通，促進理解，尊重包容，還得加把勁。

　　十步之內有芳草，一件小事情讓我看見大陸文明發展的一線曙光。受託代辦廈門大學一位金門籍學生居留簽證，必須附在學證明，那日到該校招生辦公室洽詢，由陳春萍老師幫忙說明，雖然不是她的業務，卻非常熱心，主動幫我連繫了海外教育學院的承辦人，按照指

引前往該學院，很快即辦妥所需證明；這位陳老師與我素昧平生，卻如此熱心助人，令人感念不已！

　　遠見雜誌日前公布一份「兩岸民眾互看價值觀關鍵調查」，發現兩岸人民對彼此的認知呈現相當差異與對比，與我前述之觀察若合符節。但是，可以樂觀期待，當大陸有愈來愈多像陳春萍老師這樣優質又善良的人，文明進步就充滿了希望。

兩岸交往中的賓主之道

　　兩岸關係和解氣氛濃厚，外界定位的「國共論壇」或馬總統說的「兩岸論壇」或中共稱為「兩岸經貿文化論壇」，幾乎每次論壇雙方關係就有新的進展，必須協商的議題則透過海基、海協兩會這一軌道來落實。眼前情景，馬政府以和解思維，持積極開放態度，勇往直前；中共方面則好整以暇，在有計畫、有步驟的政策管理指導下，看準了台灣的需要，適時釋出善意，抱著「中華民族」招牌和共同反台獨的立場，大玩兩岸一家親的政治戲，民進黨一旁直嘆氣，反對反到進退失據，外人看了覺得很詭異。

　　兩岸要和解應該從1979年元旦中共發表「告台灣同胞書」提出「和平統一祖國」開始，並建議三通（郵、航、商）四流（學術、文化、體育、科技交流）。卅年滄桑，一個世代的歲月，兩岸走過時冷時熱，有緊張、有和緩的關係，如今大三通實現了，雙方交流更從民間發展到官員互訪的階段。1990年代民間往來熱絡的年代，台灣經濟發展正夯，大陸則是鄧小平「九二南巡講話」，告誡江澤民改革開放不能回頭，那時節，台灣錢多多，我們過去參訪，交通食宿自理，對方能招待個晚宴算不錯了；我們邀對方來，甚至交通食宿全包。沒幾年，慢慢進展到雙方交通自理，落地招待（食宿免費）階段。這幾年，大陸經濟搞好了，對台工作經費充裕，也顯得大氣，有些規模不大的學術研討或會議，邀請我方首長（含眷屬），交通食宿全包，而且免憑證核銷。我當年在國防部服務，因工作關係結識學界幾位教授，其中有位

後來當上大學校長，起初蠻熱中與大陸學術交流，但是現在他說，對方高規格接待（全包）的邀請，要再三斟酌，因為擔心對方那天要求來訪，我們無法對等接待（公費法用之限制），恐有失禮數、沒面子。才不過十幾年的時間，形移勢轉，尤其是刀口上的錢，他們硬是捨得花。

兩岸關係這一年多來的發展超乎想像的快，似乎要將過去十年停滯倒退的關係趕緊補足，惟在彼此互動中，雙方對事物的認知仍有相當差異。日前遠見雜誌公布民意調查，其中「兩岸之間最後會變成什麼關係」一題，大陸有五成二認為台灣人是「家人與親戚」，台灣有五成三認為兩岸最終是「生意伙伴」；所以要拉近這些認知上的差距，雙方還是得更加以善意與誠意增加接觸與瞭解，尤其在交流交往中，兩岸關係定位的曖昧不明，在「九二共識」的模糊地帶，雙方「先經濟，後政治」的互動，自然產生交往中的禮儀問題。

現階段兩岸交往除了黨對黨的論壇平台，官式訪問以地方級的交流最頻繁，交往模式有準外交之規格，也是國民外交的重要場域，賓主互動，不能失禮，以免遺笑兩岸。話說今年春末，台灣某鄉鎮級市長籌組以里長、里幹事為主的訪問團，觀摩大陸北方一知名城市的環保工作，並與該市某個區政府締結姊妹市，隨團一位市民代表會女副主席，生性活潑、長於交際、不拘小節，在一個正式晚宴上，席開八桌，餐廳備有伴唱機，開席前，賓主行禮如儀，致詞都是應酬的場面話，酒過三巡，這位副主席自行上台拿起麥克風，學起胡錦濤的話語，歌頌國共合作是中華民族偉大復興等云，各桌主人席上的大陸官員個個臉露不悅之色，她猶未察覺，並下台欲邀區委等領導唱歌，均遭婉拒，她就老實不客氣地唱起來，此際，但見區領導使個眼色，也不跟客人打招呼，地主們全都離席，留下尷尬不已的客人自得其樂。次日，來送行的某官員透露，正式晚宴賓主有別，談政治話題已

有所不宜，做主人的沒發起、邀請，客人就自己上台是喧賓奪主。持平而論，這位副主席言行失禮且失態，有違為客之道，但大陸官員不告離席，也缺乏做主人的禮數和氣度。

　　兩岸間的往來，已經從民間、非官方、白手套交流互動，進展到現在官式交流互訪都成為常態，在這麼頻繁、稀鬆平常的交往中，賓主互動還是得講求點國民外交的基本禮儀，怎麼才是合宜有度，就要靠自己去拿捏了！

尋找兩岸互動的和平廣場

民國九九、歲次庚寅、生肖為虎。國人對這一年有著新的期待，虎年如意、虎風旺年、福虎生豐等等吉祥語高掛在家家戶戶的門檻上，希望這一年虎虎生風、虎氣沖天、家家興隆。對於同屬中華民族的兩岸人民，春節的歡欣氣氛幾無二致，新春氣息仍然持續的呈現在各個角落，承襲著民族節慶的喜悅，祝禱兩岸同胞幸福安康、虎年行大運，也祝願兩岸關係和平發展、不起波瀾。

二〇〇八年五月馬總統就任以來，兩岸關係由緊張轉為和緩。海基、海協兩會中斷十年的僵局，江丙坤與陳雲林在該年六月十二日北京復談，開啟了歷史新頁，這次會談簽署「周末包機」、「大陸人民赴台觀光」兩項協儀，為兩岸關係邁出了一大步，馬總統曾以「大家都在寫歷史」期勉。

第一次「江陳會談」同時達成雙方每半年會談一次的共識，為兩岸關係立下新的里程碑。之後，二〇〇八年十一月四日第二次江陳會在台北舉行，達成包括「大三通」等四項協議；二〇〇九年四月二十六日南京會談，十二月廿二日台中會談，分別各達成三項協議，為雙方往來及制度性協商奠定堅實基礎。遺憾的是，陳雲林第一次來台，在台北市舉行的二次江陳會期間，引發圍城事件，抗議人士暴力張狂、失控的場面讓人餘悸猶存。第四次江陳會在台中，民進黨發起「顧飯碗，破黑箱」遊行，一方面凸顯民進黨「逢中必反」的抗爭心態，卻也讓陳雲林再次體會反對陣營高分貝的嗆聲，見識到台灣民主多元的

一面,更警示著:在台灣,絕對不是執政的黨或總統一個人說了算。

雖然兩岸兩會協商已經常態化,但從兩岸在部分議題的協商談判仍有分歧,以及台灣內部對大陸政策的共識不足來看,兩岸關係發展顯然還有漫長的路要走。以目前馬政府積極推動的「兩岸經濟合作架構協議(ECFA)為例,馬政府認為是對台灣人民有利的大補帖,但是民進黨專挑壞處為訴求,一旦議題被扭曲,就很難找到共識。因此,馬團隊必須落實「以台灣為主,對人民有利」的諾言,努力營造老百姓對政府的信任感。

再以江陳會在台灣兩次會談來說,弄得朝野關係緊繃,耗損內部團結,實不足為訓。際此新春伊始,兩岸關係主事者必須創新思維,尋找深化兩岸互動及化解分歧的新模式。淺見以為,馬總統曾期許金門「從殺戮戰場到和平廣場」,因此,讓金門作為兩岸交流會談的平台,政府應該考慮在金門建置兩岸交流會談的大型場館,命名為「和平會館」,集住宿、展覽文物、藝文活動、會議等等多功能的綜合性建築,並列為兩會在我方會談的常設場地,以避開台灣的政治紛擾,讓金門延續歷史性的「金門協議」精神,同時實現「和平廣場」的歷史盛事。

兩岸交流中的退役將領

　　馬政府兩年多來的兩岸關係穩定發展,雙方在各個領域的交流合作日益緊密。最近簽訂「兩岸經濟合作架構協議」(ECFA),兩岸貿易關係進入新紀元,雙方交流合作邁向歷史巔峰,為兩岸和平發展及將來走向政治談判創造寬廣的想像空間。三通已開,經濟交流漸趨正常,但是由於雙方政治互信依然不足,兩岸期望結束敵對狀態尚難實現。這次ECFA的簽訂,讓雙方由貿易交流向政治、軍事領域擴展的氛圍在逐漸成形。

　　今年三月中旬,中共國台辦發言人楊毅在例行記者會指出,大陸贊成兩岸適時針對建立軍事安全互信機制展開磋商,並強調這項磋商應循序漸進、先易後難。就軍事交流言,目前尚未建立交流管道,高階離退人員藉由探親、訪問、旅遊中與對岸軍方系統或多或少有些零星接觸,民進黨執政時期即曾有退役上將登陸球敘之新聞見諸報端。國民黨重拾政權以後,少數高階退役將領勤於遊走兩岸,在兩岸軍方仍視對方為「假想敵」的現況,自然引發爭議。

　　去年十一月在台北舉辦「兩岸一甲子學術研討會」,兩岸都有退役將領與會,算是檯面上的第一次接觸,頗具歷史意義。今年開春以來,報載之高階退役將領登陸交流頻繁,比較知名的是四月初,由許歷農領隊,退役的八位上將、八位中將和七位少將,組成「新同盟會退役將領參訪團」,陣容空前,首開紀錄。另據報載,五月下旬,曾任國防部副參謀總長兼執行官的退役上將黃幸強,率退役將領近三十

人浩浩蕩蕩登陸，至南京與解放軍退役將領球敘，頗有與許歷農較勁的味道，聯誼餐會觥籌交錯之際，幾杯黃湯下肚，居然有「吳三桂引清兵入關，歷史功績不可抹殺」的論調出現。這些退役將領成群結隊，敲鑼打鼓地登陸交流聯誼，少數令人爭議的舉止言行，妥適與否，自有公論。

日前，曾任國防部總政戰部之退役中將陳興國，於報端論壇投書中提到「要建立軍事互信，就要從兩岸退休將領訪問聯誼著手」等云，應屬一廂情願之論。眾所周知，馬英九總統在兩岸關係的願景，是希望經由交流協商「要用和解來取代對立，要用和平來取代戰爭。」中共總書記胡錦濤亦多次主張「促進終止敵對狀態，達成和平協議。」因此，兩岸軍事互信機制的建立甚囂塵上，惟就現階段雙方協商體制、架構來說，海基、海協兩會是目前雙方政府授權的「白手套」機構，軍事交流及互信機制之建立，理應依體制運作較為穩妥。

兩岸關係日趨和緩，惟兩軍視對方為「假想敵」的基本態勢仍未鬆動。退休老將為了降低雙方敵意促進兩岸和平的使命感，應予尊重，但是，大張旗鼓登陸交流之妥適與否，以及言行舉止，允宜考量社會觀感，知所拿捏取捨，方為至道。

爭取「江陳會」在金門舉行之建議

中國大陸海協會會長陳雲林將訪台，並與我方海基會董事長江丙坤進行協商，俗稱「江陳會」，這是海基會首次邀請陳雲林來台。由於馬政府施政績效欠佳，執政團隊整體民調低盪，以及反對黨質疑兩岸政策向中共傾斜，又因前一陣子大陸含有「三聚氰胺」事件毒奶粉流入台灣的衝擊，社會醞釀出幾許「反中」情緒，同時，民進黨決定將於本（十）月二十五日發動遊行抗議；另者，繫案在身的陳水扁也表示要參加遊行向陳雲林嗆聲，讓這次「江陳會」增添不可預測的變數與複雜性。

馬英九當選總統後，兩岸之間緊張的關係隨即緩和下來，雙方都努力營造兩岸和諧交往的氛圍，之前的博鰲論壇及連戰、吳伯雄先後出訪大陸，中共方面都充分展現善意；尤其今年六月十三日海基會董事長江丙坤率團赴北京與海協會會長陳雲林會談，化解了兩岸十年來近乎中斷的僵局，雙方本著求同存異、擱置爭議、共創雙贏的原則進行對話，簽署包機和觀光兩個協議，這次會談為雙方往來開啟了歷史新頁，對爾後兩岸關係發展及制度性協商奠定了良好的基礎，在彼此互信基礎上，陳雲林爽快接受江丙坤邀約，答應於適當時機訪台，預定進行第二次「江陳會」。

陸委會主委賴幸媛與大陸海協會副會長王在希日前分別表示，陳雲林訪台是既定計畫。但是由於民進黨對馬政府兩岸政策戴上「親中」、「賣台」等紅帽子，並且準備舉行遊行抗議，更傳出將於陳

雲林來台期間再發動「如影隨形」的遊行，因此，部份輿論認為陳雲林此刻不宜來台；另有論者認為，正值特偵組偵辦扁家弊案進入緊鑼密鼓階段，陳雲林此時來訪，讓阿扁有「借力使力」炒作「反中」議題的空間，假如因此發生讓客人不愉快的尷尬情況，有失主人之禮，馬政府臉上也掛不住，將使兩岸關係平添變數。

這次會談是兩岸制度化的既定安排，雙方將就兩岸海運直航、貨運包機、平日包機及建立兩岸空中直達航路、全面通郵等議題進行協商，這是「以台灣為主、對人民有利」的歷史契機；對中共方面來說，亦視之為具有深遠政治意涵與確保兩岸關係發展的歷史任務。再就陸委會最新民調顯示，有五成二民眾贊成陳雲林訪台，因此，當然不能因為民進黨及少數人士反對而卻步，但是，基於前述不可預測的複雜因素，我們認為「江陳會」勢必成行，惟其會談地點不必拘泥於台北，應該本於安全與彈性原則，思考尋找預備方案，金門可以成為預備方案之首選。

回顧歷史，金門作為兩岸交流會談平台，始於民國八十九年的「金門協議」，是當年兩岸共同打擊犯罪的開路先鋒；民國九十年開始的小三通更為雙方交流提供試點，對兩岸關係發展之影響至深且鉅。此外，馬英九總統「從殺戮戰場到和平廣場」的政策宣示，深值政府大陸政策決策官員慎思，考慮讓金門作為這次兩會對話窗口的可能性，相信以金門善良純樸民風與熱誠好客的民性，將有別於台北的政治紛擾，必能讓「江陳會」的與會貴賓們在有尊嚴又安全舒適的情境中，完成這個歷史性的盛會。

「江陳會」在金門舉行的構想要付諸實現，有賴公部門、縣籍立委以及社會賢達人士，分別透過不同管道積極的向中央遊說爭取，為金門提供這個歷史性會談地點創造機會。

中華民族是兩岸的最大公約數

　　大陸海協會會長陳雲林將依既定計畫訪台,與海基會董事長江丙坤進行第二次會談,但是台北政壇更為關心的是,馬英九總統接見陳雲林的這場政治大戲。國安會秘書長蘇起在答覆立委質詢時說:「一定會堅持對等與尊嚴的原則,不會讓全國老百姓失望。」至於對中華民國國旗絕少認同的民進黨,卻刻意炒作國旗話題,劉兆玄院長堅定表示護旗的決心。因此「馬陳會」時雙方如何互稱、接見地點安排、談些什麼議題,不但備受國人關注,亦將成為國際矚目焦點。

　　兩岸分裂分治乃是自一九四九年以後一項無法否認的政治現實和歷史事實。在兩蔣時期,雙方各自認定一個中國,我方以漢賊不兩立的原則,視中華人民共和國為「偽政權」,中共則認為中華民國已不存在,稱呼我為「蔣幫」或「國民黨」當局,所以雙方各在一個中國基調下互不承認。李登輝主政時期,制定「國家統一綱領」作為大陸政策指導原則,以「一個中國,兩個對等政治實體」的架構來處理兩岸關係,直到一九九六年「特殊國與國關係」出爐,中共方面認定李登輝在搞「兩個中國」或「一中一台」政策,兩岸關係陷入緊張,雙方仍以「大陸當局」、「中共當局」、「台灣當局」互稱,台灣的「中國心、民族情」在中共飛彈試射的敵對氛圍中,逐漸被導入「台灣心、台灣情」,所謂台灣意識開始抬頭。

　　李登輝時期推動本土化政策,在教育改革方面,逐步加強台灣歷史、台灣地理等教育內容,強調台灣主體意識。二○○○年政黨輪

替，民進黨以意識型態治國，大舉推動「去中國化」，尤其二〇〇二年陳水扁提出「台灣跟對岸中國，一邊一國」的兩國論以後，以及推動「入聯公投」，甚至說「中華民國是什麼碗糕」，官方已公然以中國稱對方，以台灣稱自己，推動台獨的用心昭然若揭。所以，馬英九就職演說中提到「中華民國在台灣的新生」，並以憲法為架構，致力於修補重建國家認同，同時揭櫫「九二共識」、「一中各表」的主張，盼能在憲法架構下，維持台灣海峽的現狀。

從兩岸關係發展的歷史軌跡中，不難發現隨著國際形勢的演變，以及因為國家領導人在不同階段的政治主張，兩岸關係變化呈現不同面貌，更由於政治人物意識型態之差異，對中國大陸之稱謂顯得混亂，例如，中國、中共、大陸、中共當局、中國大陸，這些不同稱謂顯現政治人物對兩岸現狀所持立場的差異。另者，中共方面從「成者為王、敗者為寇」的觀點來否定中華民國的存在，使兩岸在政治上相互定位的爭議仍然無解。但是，馬英九主政，兩岸關係解凍，雙方領導人在擱置主權爭議的理念相當一致，在「九二共識」的基礎上有利於兩岸關係的良性發展。這次陳雲林即將來訪，人還沒來，台灣內部就已經為了國旗、國格問題吵鬧不休，成為熱門的政治話題，因此兩岸政治定位問題不可能迴避，至於要如何擱置爭議，正考驗著兩岸領導人的政治智慧。

陳雲林這次訪台是兩岸化解政治爭議的契機，大陸方面必須正視中華民國存在的事實。因此，在這歷史性的一刻，我們期望以中華民族作為兩岸的最大公約數，從民族認同角度化解歧異，讓雙方在對等、尊嚴的基礎上會談，為兩岸關係與發展開啟共存共榮之道。

對陳雲林先生訪台的幾點意見

　　大陸海協會會長陳雲林預定於十一月三日展開五天的訪台之旅，具有空前的歷史意義和重大的政治意涵。回顧歷史，兩岸兩會原訂在一九九九年十月的「辜汪台北會談」，因為當年李登輝總統發表「兩國論」而破局，如今陳雲林即將訪台，是兩岸分治以來，中共方面最高層級的政治人物第一次來台，具有重大的歷史意義。同時，這次在台北的「江陳會談」，亦將為兩岸兩會的制度性協商立下新的里程碑；而外界高度關注的「馬陳會」則將碰觸到敏感的主權議題，雙方如何稱謂？蘊含深遠政治意涵，對兩岸關係發展走向具有指標性意義。

　　國民黨重拾政權以後，兩岸關係呈春暖花開之勢，雙方互動頻繁。但是，由於「三聚氰胺」毒奶事件引發之反中情緒；加以日前海協會副會長張銘清在台南市孔廟遭抗議群眾推打的憾事；以及民進黨十月二十五日發動「反黑心，顧臺灣」遊行，展現了反對陣營的人氣，聲言將對陳雲林展開「如影隨形」的抗議活動；更由於社會浮現對馬總統兩岸政策向大陸傾斜之疑慮，並摻雜著國旗、國格議題，無不牽扯到國人敏感的神經，使這次會談充滿著複雜的變數和不可預測的挑戰。

　　「以台灣為主，對人民有利」是馬總統就職演說所提出的施政原則，因此，發展經濟、外交休兵、兩岸和平是新政府的施政主軸。不過，受到全球金融風暴和經濟衰退所波及，國內經濟發展難以突破

困境，執政團隊民調盪到低點，自然希望從兩岸關係發展及大陸政策鬆綁力求表現，但是，由於周末包機及開放陸客觀光政策成效不如預期，且前述毒奶事件與張銘清被毆，以及陳水扁將家族貪瀆疑案政治化，使社會兩極化情形益為惡化，讓即將到來的「江陳會談」籠罩在朝野對立的陰影中。對此，謹提出幾點意見供主事者參考。

這次會談內容以週末包機的擴大、直達航路的建立、貨運包機、海運直航、兩岸郵政合作及食品安全合作機制等議題進行協商；兩會並於日前由副董事長層級在大陸深圳，就上述議題進行協調與安排，所以，「江陳會談」係就這幾項協商內容再次確認並簽署協定，其形式與實質意義互見，因此，雙方應基於對等、尊嚴之原則，以事務性協商達成互惠互利之協定，使會談盡量單純化；至於「馬陳會」，如果政治爭議無解，甚或有損國格尊嚴，則不如不見為宜。

其次，陳雲林在充滿爭議又敏感的時間點訪台，在野黨猛烈批判，並將發動「如影隨形」的抗爭，為這次會談投下不可預測的變數。我們認為，台灣是個民主自由的社會，人民固然有表達意見的自由，但是，希望反對黨本於「來者是客」的襟懷，展現國人以禮待客的熱情，以平和理性的行為與態度，表達自己的訴求；同時，呼籲這次特別重視國旗、國格的民進黨主辦單位，在抗議活動當中，引導民眾手持中華民國國旗，夾道歡迎大陸人士，以凸顯維護國格、捍衛主權之決心，讓抗議活動更具有正當性。

再者，這次兩會協商事項，未見金門人引頸企盼的議題，建議主其事者，對於經建會研擬規劃之「金廈生活圈」等相關議題，增列為協商項目，即使不能在這次會談中獲致結論，至少可以試探大陸方面之意向，做為經建會研擬方案之參酌因素，以尋求政策突破或鬆綁，利於金門爾後之發展。

從兩岸大三通尋找金門發展的新契機

大陸海協會會長陳雲林應邀來台,雖然遭到反對人士不理性的強烈抗議,但仍按既定程序與海基會董事長江丙坤舉行會談,共同簽署包括空運、海運、郵政合作及食品安全機制等四項協議,對兩岸關係而言,這個歷史性會談,正式宣告兩岸大三通來臨了,雙方經貿交流、合作互惠進入新的時期,也開啟兩岸制度化協商的新階段。這是馬英九總統為了兌現競選時提出兩年內完成兩岸三通的政見,在擱置政治爭議、朝野歧見嚴重,面對反對陣營粗暴相對等複雜因素的挑戰下,仍以務實的態度,毅然決然促成這個有利於台灣民生經濟及改善兩岸關係的歷史盛事,應給予肯定的掌聲。

馬總統昨日在接見海基、海協兩會代表時說,兩岸簽署四項重要協議,對便利兩岸人民往來、促進雙方經貿交流、強化食品安全、抵禦國際金融風暴,都有積極正面的作用,成果非常豐碩。因此,就經貿交流層面言,兩岸大三通可以為雙方帶來的經濟效益絕對是正面的,尤其是直航所降低兩岸人員、經貿往來交易成本,依照目前雙方來往密度推估,每年可以節省的運輸成本約達新台幣五百餘億元;尤其兩岸人民往來及經貿正常化以後,將為兩岸人民帶來無限商機,其經濟效益更為顯著。

這次會談是歷史長流中的一小步,卻是兩岸關係發展走向和平共榮的一大步,雖然雙方都宣稱不涉及政治議題,談的也都是事務性問題,但實質上正凸顯雙方領導人互釋善意的政治意涵。因此,在

這個歷史的關鍵時刻，吾人當思如何在小三通既有的基礎上，為金門尋找下一個發展的契機，開拓大三通後的新格局。前此，學者專家、社會賢達及公部門為金門未來發展勾勒的願景與論述，深值重視，對具有共識之部份，宜列為共同努力推動的目標，謹列舉其中兩項提出看法。

首先，隨著小三通近七年的發展，金門與廈門「金廈生活圈」已隱然成形。李炷烽縣長月前接受大陸人民日報、新華社記者專訪時表示，希望政府對金門發展以新的思維，擱置政治爭議，從政策鬆綁，讓金、廈這兩個兄弟島朝著經濟互補作用努力，就金廈建設發展、城市規劃，協商構建一個生活共同圈。我們認為，憑藉金門地緣優勢和發展條件，只要雙方政府支持，必能儘早實現「金廈生活圈」的夢想，為下一步推動「金廈和平特區」的階段性目標奠定基礎。

其次，這次會談達成兩岸空運直達航路的協議，有關客運包機的航點，金門亦列為我方開放的航點之一，這是令人雀躍的訊息。因此，就近程言，公部門允宜積極參與，輔導民間觀光業者提升優良旅遊品質，並協助推動台灣、金門與大陸各省市多樣化之旅遊配套措施，以供選擇，始能吸引台灣與大陸的觀光客，活絡地區觀光產業。另者，在中、長程方面，則應爭取中央挹注經費，加強金門地區公共基礎建設，例如擴建或新建機場，使金門機場的規模，從國內航線邁向國際航線的水準與格局。

總之，大三通已為金門開啟另一扇希望之窗，冀望兩岸領導人正視「金廈生活圈」已然成形的現實，本於「為民興利」的思維，釋出政策利多，為金門未來發展開闢一條光明大道。

互不否認才是兩岸和平發展的基礎

　　胡錦濤以中共總書記、國家主席、軍委主席的身分,日前在紀念「告台灣同胞書」三十週年大會上,發表「攜手推動兩岸關係和平發展,同心實現中華民族偉大復興」的講話,提出包括:恪守一個中國,增進政治互信;兩岸簽訂綜合性經濟合作協議;台灣意識不等於台獨意識;希望民進黨停止台獨分裂活動;合理安排台灣參與國際組織活動的問題;協商正式結束兩岸敵對狀態,達成和平協議等對台政策的六點主張,習稱「胡六點」。對於兩岸關係發展,胡錦濤仍然強調「和平統一、一國兩制」的基本方針;這是自當年由鄧小平提出「一國兩制」的設想,經過三十餘年,中共對解決台灣問題的堅定立場,也是不能撼動的「一個中國」原則。

　　「胡六點」是胡錦濤為今後中共對台政策定調,在「和平統一、一國兩制」基本方針不變的原則與立場上,以務實態度和靈活手腕,展開對台新一波的政治攻勢。對於胡錦濤這篇語氣比較友善,內容也較務實的談話,總統府於次日由發言人在記者會中表示「中共對台政策在胡錦濤先生領導下展現了新思維與務實作風。」馬總統日前接見外賓時亦指出,胡錦濤的談話「針對我們提出的訴求做了一些具體回應」,並表示政府還在進一步瞭解「胡六點」的涵意。事實上,兩岸關係發展,雙方領導人隔空喊話,高來高去,已司空見慣,尤其這次胡錦濤談話仍不脫「軟的更軟,硬的更硬」的風格,政府主導大陸政策團隊當以審慎的態度,深入解讀,仔細研究,才能真正瞭解其意

涵，並衡諸國家利益，採取至當的大陸政策宣示。

連日來，社會各界對於「胡六點」的詮釋、解讀不一，一般認為胡錦濤的談話仍然是以「和平統一」為基調，目標是「祖國的統一」，所以不斷強調兩岸的「和平與發展」。基本上明確回應馬總統先經濟後政治，兩岸外交休兵，以及和解共榮的政策主張，釋出善意。但是，值得注意的是胡錦濤在兩岸關係定位上指出「兩岸雖然尚未統一，但並不代表中國領土與主權的分裂，而是中國內戰遺留下來的政治對立。」更強調「兩岸復歸統一，不是主權與領土的再造，而是結束政治對立。」並且重提「統一是中國內部事務，不受任何外力干涉」。話中之意，將兩岸現狀置於國共內戰的延續，模糊了中華民國主權存在的事實，並將「未來的統一」視為「中國內政」，具有排除台灣問題國際化的政治意涵，值得我方正確解讀，審慎因應。

中華民國是主權獨立的國家，這個事實是國人的普遍認知，不會因為胡錦濤的一句話而有所改變。根據日前「天下」雜誌一項國情調查顯示，民眾期待獨立的比率創下十二年來的最高點，達23.5%；但認為兩岸維持現狀的人佔57.8%；支持與大陸統一的則不足兩成，這些數據值得主政者引為推動大陸政策的參考；尤其台灣是民主多元社會，人民對台灣前途有不同看法，都應當予以重視。日前民進黨主席蔡英文受訪時表示，「胡六點」對於「一中原則」的堅持沒有任何改變，對台灣整體主權狀態更為不利，這些話代表著另一批人的聲音，當予尊重。

我們認為，兩岸關係要和平發展，雙方允宜在「九二共識」、「一中各表」的原則下，在互不否認對方主權的基礎進行交往，才能邁向和平共榮的坦途。

金門的發展需要兩岸政府共同加持

　　馬總統就任之初，本於「以台灣為主，對人民有利」的政策原則，在大陸政策方面提出兩岸「和平共榮」的新思維，以開闊的胸襟擱置雙方政治爭議，重啟海基、海協兩會對話平台，以務實開放的態度積極推動兩岸關係。一年多來，兩岸關係可用「快速破冰、漸入佳境」來形容。就具體成果言，兩岸兩會已建立制度化協商機制，進行三次會談，雙方計達成九項事務性協議，以及開放陸資來台投資的共識。官方與民間交流持續擴大，兩岸關係朝向良性互動、穩定發展的新境界。

　　兩岸分治六十年，雙方走過軍事對抗與政治鬥爭階段。隨著中共「一國兩制、和平統一」基調確立，我方開放大陸探親、觀光的民間交流開始，兩岸關係時好時壞、曖昧不明。大陸從多年的交手經驗，體會出兩岸交往的特殊性與複雜性，所以，自中共中央以至地方，對台工作的整合性、專業性組織系統已然建立，為雙方關係發展營造良好條件。尤其2008年3月，面對馬英九當選總統的政治情勢，中共對台系統提出「建立互信、擱置爭議、求同存異、共創雙贏」原則，為改善雙方關係而努力，前述兩岸兩會三次會談達成的協議與共識，實質上是大陸釋出善意與惠台政策的具體表現。

　　中共年來對台工作充分展現誠意與信心，愈做愈順手。兩岸兩會做為第一軌道的協商平台；先前建立的「國共論壇」仍如常運作。最近，第一屆「2009海峽論壇」於5月15至22日在廈門、福州、泉州、莆

田舉行,這個論壇是有別於「兩會」與「國共論壇」的另一個交流模式,定位於民間性、廣泛性、社會性,強調「擴大民間交流、加強兩岸合作、促進共同發展」;深層的意義是以此論壇做為兩岸民間交流的平台,擴大民間交流的接觸面。這次論壇大陸方面發布了九項促進海運直航政策和推動協商建立兩岸經濟合作機制等八項惠台措施。此外,值得重視的是中共在會前公布「關於支持福建省加快建設海峽西岸經濟區的若干意見」報告,明定福建省做為兩岸人民交流合作先行先試區域;這項政策對位於台灣前沿的金門來說,又是一次難得的歷史機遇,但是必須兩岸政府共同加持。

先從本報5月20日第五版報導「平潭島將做為與台灣交流試點區」的新聞談起,平潭島地形地貌近似金門,面積371.91平方公里,多年來是中共對台軍事演習的重鎮,這次選定其為兩岸交流先試先行地區,所象徵的和平意義非凡。經深入瞭解,中共對於平潭島的開發著手規劃多年,部分已付諸實施,例如,一條連接福州與平潭的海上大橋已於去年動工,預定2010年4月完工通車;另者,為促進「海西經濟區」發展,北京到福州的「京福高鐵」亦將延伸到平潭島。因此,中共決定將平潭島轉型為兩岸交流先試先行地區,除了凸顯其「對台前沿」的重要意涵,更由於政策加持,將使平潭島的命運翻紅,其經濟地位「麻雀變鳳凰」,不久的將來,平潭島民將受惠於經濟發展所帶來的廣大利益。

金門的未來發展,雖然有規劃的願景,但是必須靠中央政府支持才能實現;另一方面,也得對岸政府的重視與配合。我們希望,兩岸政府共同重視金門與大陸的地緣、史緣關係,優先籌建「金廈大橋」,以聯結「海西經濟區」,讓金門成為海西經濟發展的一顆新的明珠。

金門示範區兩政策先行

　　行政院日前核定備查「金馬中長期經濟發展規劃方案」，將金馬地區定位為兩岸互信合作的「先行示範區」，對於兩岸開放有爭議的政策，可在金馬地區先行推動，共創兩岸雙贏模式。另者，行政院長劉兆玄於日昨視察馬祖時表示，若能由離島先行試辦中國大陸旅客來台自由行，不失為可行方案。因此，陸客金馬自由行有希望成為「先行示範區」的第一個政策，殷望及早做成決定，以活絡金馬地區觀光產業，有利經濟發展，對於擴大兩岸民間交流更具有正面意義。

　　最近一年多來兩岸關係呈現多層次、多面向的蓬勃發展之勢，就區域發展言，中共正加快「海峽西岸經濟區」之開發與建設，明定福建省為兩岸人民交流合作先試先行區域，搭建與台灣經濟對接平台，促進閩台經濟合作發展。這次，行政院以金馬地區做為兩岸互信合作「先行示範區」之發展定位，具有先行先試作用，某種程度與大陸方面「海峽西岸經濟區」的先試先行相呼應，為兩岸關係良性發展創造新模式，前景可期。

　　按照行政院經建會的說法，目前兩岸擴大交流已成趨勢，但在台灣本島對於開放項目、開放時程乃至於談判模式，仍存在不同的意見，缺乏共識，為避免內部冗長的爭論過程而錯失開放的契機，可以考慮在金馬地區先行推動，以劉兆玄院長試辦陸客金馬自由行的構想為例，即不脫這種思維。我們認為，基於試辦小三通的成效，金馬作為兩岸產業與政策的「先行示範區」，是政府推動大陸政策過程中一個可行方案與正確方向，藉由金馬與大陸的合作與互動，可以降低

國內的疑慮及風險，更可以從中累積經驗、找出問題，做為政策調整之依據。

金門中長期經濟發展規劃，以「國際休閒觀光島」、「養生醫療健康島」以及「精緻購物免稅島」為產業發展願景，這些願景列為「第三期離島綜合建設方案（100-103年）」的指導原則，並由行政院離島建設指導委員會推動。因此，李炷烽縣長呼籲，主導的中央部會應更積極重視、關心，必須地方和中央「馬上行動起來」，這些話透露出經建會的規劃方案，先要化為行動綱領，納入施政計劃，才有可能落實到執行層面，亦即，這些方案仍處於「有聲無影」階段，相較於大陸方面「海峽西岸經濟區」陸、海、空交通網等基礎建設全面開展的盛況，金門不但難以與之平行或同步發展，只能落在後面苦苦追趕，這是值得政府正視的經濟議題。

再者，金馬地區定位為兩岸互信合作「先行示範區」的政策，劉揆提出陸客金馬自由行的構想，陸委會、交通部觀光局均先後表示，依據「試辦金門馬祖澎湖與大陸地區通航實施辦法」，這部份不涉及修改兩岸協議，開不開放，我方可以自行決定。我們殷切期盼，有司部門應根據劉揆指示，劍及履及，盡快決策，讓開放陸客金馬自由行的政策早日實現。

此外，經建會在「金馬中長期經濟發展規劃方案」中指出，在教育產業方面，規劃朝向建立一個全方位金門大學的發展策略，這是提升金門教育文化發展的至佳構想，具有與其它產業發展相輔相成的效果。現階段，希望政府本於「先行示範區」構想，在開放陸生來台政策飽受台灣內部反對人士質疑、政策難決之際，不妨委以金門先行試辦招收大陸學生的任務，俾依試辦成果逐步調整開放政策。

必須強調，開辦陸客金門自由行與招收陸生，攸關金門發展至為重大，殷望中央能作為優先政策儘早開辦，亦盼交流經驗與互信合作的累積，能促使金門真正獲得中央重視，成為兩岸各項政策開放的「先行示範區」。

習近平接班的初步觀察

中共十七屆五中全會日前閉幕，會議決定增補習近平為中共中央軍委會副主席，確立了習近平接班地位，顯示中共第五代領導集體的梯隊接班態勢已然明朗，惟其交班方式究竟如何? 有待觀察。

中國共產黨是以革命武裝鬥爭起家的，第一代領導人毛澤東曾再三強調「槍桿子出政權」，因此，毛在1953年「遵義會議」掌握軍權後，迄1976年去世為止，始終緊握軍權不放。但是，他在「戰爭與戰略問題」的文章中表示「我們的原則是黨指揮槍，絕不容許槍指揮黨。」這種「以黨領軍」的理念，在其後的領導人都奉行不渝。綜觀中共歷史，從其建黨、建軍以來，黨與軍隊的關係密不可分，每一次的重大政治事件或變動，軍隊都扮演著重要角色，所以領導人必須同時擁有黨權和軍權才能掌握政權，這已經是中共領導人鞏固權位的鐵律。

在江澤民接班之前的中共權力交替，並未制度化，亦無固定模式可循，而且幾乎都充滿著腥風血雨的鬥爭。當年鄧小平交班給胡耀邦和趙紫陽遭遇到挫敗，江澤民於「六四事件」政治風暴落幕之際臨危受命，在鄧小平主導的政治秩序中，逐步建立其黨政軍權力，1989年6月，江澤民在中共十三屆四中全會當選為中共中央總書記，並於十三屆五中全會時從鄧手中接下軍委會主席的位子，鄧小平雖然沒有任何黨政職務，仍然發揮其政治影響力，以「扶上馬，送一程」的方式護航，外界稱之為「垂簾聽政」，一直到1992年10月中共「十四大」，號稱「楊家將」的楊尚昆、楊白冰淡出政壇，是江澤民通向「黨

指揮槍」的重要一步, 他的政治權力終於穩固。1997年2月鄧小平過世, 9月, 中共「十五大」是江澤民權力鞏固、施展核心領導的全盛時期。

中共第三代領導核心江澤民交班給胡錦濤, 展現了權力和平交替的模式。1998年, 中共十五屆二中全會安排胡錦濤出任國家副主席; 次年, 安排胡接任軍委會副主席; 2002年11月, 於「十六大」之後的「十六屆一中全會」及「十屆人大」將黨的總書記及國家主席職位交給胡錦濤, 江則保留著軍委會主席的權柄, 外界以「交黨交政不交槍」來形容, 維持著「江胡體制」共治的局面; 一直到2004年9月, 中共十六屆四中全會, 江辭去軍委主席職務, 由胡錦濤接任, 正式宣告「胡錦濤時代」來臨, 進入第四代集體領導時期。

胡錦濤目前的交班過程, 複製的是江澤民的模式。習近平在2007年「十七大」任政治局常委、中央書記處書記, 之後出掌中央黨校; 2008年接任國家副主席; 這次接任軍委會副主席, 具有穩定接班的指標性意義。但是, 由於中共的權力移轉機制到目前為止尚未步入制度化, 因此, 2012年「十八大」, 胡錦濤究竟沿襲交黨交政後交槍、漸進式交班的前例, 或者採取黨、政、軍權力一次交班的方式, 都是外界關注的焦點。

總之, 一個國家要能夠長治久安, 靠的是完善的規章制度。就中共權力移轉機制言, 能否走向法治化的道路, 或許是中共第四、五代領導人開創「依法治國」的歷史契機。

正視中華民國事實存在的現實

　　兩岸關係目前朝著理性務實的方向發展，尤其日前高雄世運會，由馬英九以中華民國總統身分宣布開幕，馬總統事後在「治國週記」上表示，在臺灣非常艱難的外交處境中，這是不小的突破，並以「世運開幕，總統宣布，互不否認，又進一步」指出其中的重大意義。另者，這次馬英九當選國民黨主席，中共總書記胡錦濤電賀，馬總統隨即回覆，是兩岸分治六十年來雙方最高領導人首次互致電文，開啟兩岸互動的新模式。這兩件事，國人多持正面肯定態度以對，但仍有少數持負面評價之論調，其關鍵點在於對主權、尊嚴問題之認定與爭辯，意見分歧，難有定論。

　　兩岸在軍事對抗階段，我視中共為「匪」，是叛亂團體、偽政權，對岸則把我們視作「蔣幫」或「反動勢力」，一邊高唱「武力解放臺灣」，一方試圖軍事「反攻大陸」。一九七九年，由於美國與中共建交，並中斷與我國外交關係，中共對臺策略轉變，提出「和平統一祖國」的政治主張，以及鄧小平一九八四年「一國兩制」的統一構想；我方則以「不接觸、不談判、不妥協」回應，並以「三民主義統一中國」為號召，這個階段，雙方都堅持「一個中國」，我們自己定位為「自由民主的中國」，視對方為「共產專制的中國」。時移勢轉，李登輝主政時期，一九九一年制訂「國家統一綱領」，隨後宣告動員勘亂時期終止，不再將中共視為叛亂組織，法理上等於承認中共是一個政治實體，並以「臺灣地區與大陸地區人民關係條例」處理兩岸問題。

由於中共「一國兩制」的堅持，以及李登輝「特殊國與國關係」與陳水扁「一邊一國論」，導致雙方關係陷入停滯，兩岸交流呈現「官冷民熱」現象。

　　馬總統的兩岸政策是以務實理性的做法，在主權議題上採取「擱置爭議」的模糊策略，強調兩岸人民同屬中華民族，應各盡其能，和解共榮，呼籲外交休兵，讓臺灣有參與國際的空間，以互不否認、先經後政展開交往，由於大陸方面善意回應，目前雙方關係發展互信日增，漸入佳境。但是細加觀察，馬總統的大陸政策思維，仍然不脫「一個中國、兩個對等政治實體」為兩岸關係定位架構，本於兩岸分裂分治的歷史事實，主張「正視現實，開創未來，擱置爭議，共創雙贏」為兩岸開啟和平共榮之境，這次在回覆胡錦濤電文再度強調「正視現實」，顯見「正視現實」是馬總統處理兩岸關係的重要概念，中共如何看待和處理雙方定位問題，實質上就是如何面對中華民國存在的歷史事實。

　　馬總統曾多次表示，國際空間與兩岸關係的品質休戚相關。他自就任以來，揚棄李登輝的「兩國論」和陳水扁的「一邊一國論」，但「正視現實」與「互不否認」的概念，意在強調中華民國事實存在的現實。這次高雄世運會，馬總統宣布開幕的儀式，中共以技術性不出席的方式，平白失去臺灣民眾給予喝采的機會，殊為可惜！所以，中共方面必須理解臺灣民眾對身分認同的感受，惟有承認對方的存在，才有兩岸關係的正常發展，否則，擱置爭議也只能擱置於一時，最終仍然是必須面對中華民國主權存在的事實，因此，呼籲兩岸領導人應發揮智慧，正視現實，解決爭議，為創造兩岸人民和平與福祉做出歷史貢獻。

為兩岸和平發展創造和諧環境

前一陣子，民進黨創黨元老級人物許榮淑與前農委會主委范振宗到湖南長沙參加兩岸論壇，遭民進黨中央停權三年，再追加除名（即開除黨籍）重處；外界批評該黨處分標準錯亂、柿子挑軟的吃。對於民進黨人質疑他們被中共統戰，許榮淑說：「要不要被統戰是個人選擇，我去這麼多次了，難道真的被統戰了嗎？」范振宗也說：「我統戰他，還是他統戰我，現在還不知道。」顯見綠營政治人物對於中共統戰之認知意見分歧，因而陷於進退失據窘境。

統戰，對台灣民眾來說早就耳熟能詳的名詞。兩蔣時期，對中共統戰之定義或解讀，採取的是國共鬥爭經驗和敵我矛盾的角度，認為統戰是中共「聯合次要敵人打擊主要敵人」的策略手段，將之納入反共教育、堅定反共立場之範疇，更是「不接觸、不談判、不妥協」的理論基礎和政策支撐。民進黨現在領導層人物，大多走過那個漢賊不兩立的年代，如今恐共、反共如昔，顯見國民黨反共教育之成效，兩蔣如果地下有知，應深慶反共志業後繼有人。

統戰，是「統一戰線」的簡稱，就中共方面來說，它是為了達成其政治目標所採團結自己、擴大同盟力量的政治策略，具有正面和積極作用的政治原則。毛澤東於1939年10月，在「共產黨人」發刊詞，論述新民主主義理論時，指出「統一戰線、武裝鬥爭、黨的建設，是中國共產黨在中國革命中戰勝敵人的三個法寶。」實際例子就是兩次「國共合作」都讓共產黨因而成長壯大。如今，中共領導人胡錦濤要「攜

手推動兩岸關係和平發展，同心實現中華民族偉大復興。」實質上則是中共現階段對台統戰的最高指導原則。

　　按照民進黨現在的反共立場及對中共統戰的解讀方式，中共目前對台各個層面的工作項目，釋出善意或惠台政策，都被視為統戰，例如自去年夏天以來，陸客團、三通直航、採購團、世界佛教論壇、海峽論壇、兩岸經貿論壇等等活動，以及兩岸要簽署「經濟合作架構協議(ECFA)」，他們就認為是中共促統的統戰詭計，於是乎逢共必反，反到如今進退失據，卻端不出一個可以向台灣人民清楚交代的大陸政策論述。

　　中共現在雖然不開口閉口「祖國統一」的論調，惟其對台工作的政治目標始終如一。眼前兩岸交往熱絡，他們以積極的統戰策略，亟思建構一個兩岸走向統一的政治架構，台灣朝野人士應該共同關注、謀求共識，以超越統獨的新思維，在務實推動兩岸交流和經濟合作之同時，必須顧及台灣的主體性和捍衛中華民國主權的原則與立場，為兩岸中華子民的長遠利益，創造和平發展的和諧環境。

讓金門再為兩岸關係發展做出積極的貢獻

　　這次總統選舉馬蕭陣營以囊括近六成的選票勝出，選舉平和收場，顯示台灣民主政治益趨成熟。同時，這是總統直選以來第二次政黨輪替，亦是台灣民主政治進一步深化的表徵。國際各國主要媒體都以顯著標題報導，美國總統布希親自簽署賀電，邦交國及非邦交國亦紛紛來電致賀，華人世界對台灣領導得人額手稱慶，咸表欣羨。

　　檢視馬蕭陣營競選期間的政見，以推動「愛台十二項建設」及「兩岸共同市場」為主軸。就其中希望「打造繁榮和平的兩岸關係」來看，顯示在大陸政策方面將以大開大闔的作為快步向前行，預期兩岸關係將日趨和緩，雙方往來會更加熱絡。例如：週末定期直航包機即將常態化，逐步邁向大三通的境地。但是，兩岸關係可以樂觀期待，惟不能過於一廂情願，因為操之於大陸當局的部分，對方是否釋出善意，在政策上配合，如果從兩岸互動經驗及此次對馬英九當選總統的低調處理方式來看，顯然不能那麼樂觀看待。

　　在兩岸關係政治議題上，馬英九主張「不統、不獨、不武」的說法，重申「九二共識」及「一個中國，各自表述」的立場，接受「兩岸對等協商談判，求同存異」的原則。這些論述固然排除了中共之前對民進黨推動「台獨」的疑慮，但是馬英九要求對方必須先將飛彈撤除，以此做為雙方談判的前提，中共方面是否有善意回應，這是觀察兩岸關係發展順遂與否的重要指標。

　　我們對兩岸關係朝向良性發展保持審慎樂觀的看法，同時，必

須思考在兩岸關係新的發展進程中，如何為金門創造有利的發展條件。就如同李炷烽縣長日前接受媒體訪問時，談到有關大三通直航是個趨勢，應該抱持樂觀看法和開放的態度，表示三通直航是金門未來最大的利基。我們認為，這樣樂觀的想法和積極的態度，才能化解三通直航後，金門是否會被邊緣化的疑慮。

　　基於前述分析，我們認為，大三通實施以前，金門作為兩岸交流合作平台的功能將更強化。按照馬蕭陣營政見主張，預期在五二〇上任之後，全面小三通勢將啟動，就金門經濟發展的角度來說，如何使金門發展為觀光島嶼，爭取觀光客到金門自由行，帶動經濟發展，誠為公部門與旅遊業者應該共同努力的首要課題。

　　其次，就金門地理位置，以及試辦小三通八年來，成為兩岸關係發展樞紐地位之有利條件，提供給主張兩岸和平的新政府另一項選擇，亦即在推動「兩岸和平協定」的進程中，先期以金門作為試辦點，將金門列為「非軍事區」，以「金門和平特區」或「金門特別行政區」之模式，進行兩岸多面向的交流與整合。例如，馬英九先生去年六月來金拜票時提出「希望開放大陸學生來金門就讀大學」的主張，允宜列為第一個試辦項目，如此，循序漸進，其他項目將可逐步實現。

　　新政府的大陸政策，金門人充滿期待，金門長遠的發展重現曙光，願兩岸領導人以高度的政治智慧做出決定，讓金門「和平特區」或「行政特區」的理想得以實現，讓金門再為兩岸關係和平發展做出積極的貢獻。

見不著曉不得　見著了捨不得

　　1979年元旦，中共全國人大常委會發表「告台灣同胞書」，首次提出以「和平統一」作為對台政策，同時宣佈停止對金門等島嶼的砲擊，但仍未放棄以武力方式解放台灣，並建議兩岸直接三通（通郵、通航、通商）及四流（學術、文化、體育、科技交流）。如今，卅年過去了，兩岸關係的緊張或和緩，是隨著雙方領導人的不同思維而呈現不同面貌。國民黨重新執政以後，「國共論壇」似已引為常態，海基、海協兩會制度性協商機制成型；去年底，兩岸大三通起跑，四流的交流範圍也加大到九流、十流以上，這樣的頻繁交流，為兩岸和平帶來曙光，但是，中共要實現「完成祖國統一大業」的目標，卻仍有一段長路要走，在寄希望於台灣當局、寄希望於台灣人民之餘，中共方面應該思考如何縮短雙方人民在政治意識、政治制度、社會型態、生活方式等等方面的差距，凡此，都需要雙方領導人發揮政治智慧，尤其更需要時間與耐心來化解歧異。

　　中華民族歷史悠久，中華文化博大精深，中國大陸地大物博，是吾輩從小受教育的深刻印象，因而習以「故國神州」來形容這塊土地，以「大陸同胞」來稱謂這塊土地上的人民。每個人，或許因為生長年代之不同，或其所經歷人事滄桑之差異，因此，對於這塊秋海棠上的斯土斯民，必然夾雜著不同且多重的情懷。所以，你無法瞭解當年老榮民渴望開放大陸探親的心情；也無法理解開放探親以後，他們激動與歸心似箭的情緒；更無法體會少數老榮民大陸探親返台後，發誓再也不願回老家的那份失落感。但是，對於大多數頻頻往返探親的第一代外省族群言，他們對故鄉的歸屬感一回比一回深，對家鄉的認同度也一次比一次強，其理安

在?在於多接觸才能多瞭解,當他們看到老家親友們經濟情況日漸好轉,生活因而改善,很多事的看法想法逐漸接近,順其自然地拉近了彼此距離。

　第一趟大陸行,是2000年退休後不久陪同岳母返鄉探親,經香港中轉至昆明,需隔日再搭機到芒市。由於開放探親以後,岳父母已多次往返探親或旅遊,早已耳聞大陸的點點滴滴,所以,對於這片土地是心嚮往之又帶著憧憬,但是,政治因素造成的隔閡,對它卻似熟悉又陌生,既好奇又帶點害怕的成分。那日抵達芒市機場,岳母的親友已等候多時,見到古樸又熱情的這幾位表親,那份激動、興奮摻雜的情緒,至今難以忘懷。記得當初岳母徵詢隨侍返鄉之意願時,特別提到老家梁河縣是農村,衛生條件差,仍然使用茅坑(房),沒有現代化廁所,要我多加考慮,乃告知小時候在金門上茅坑之景況,她才稍微放心;那曉得,岳母四妹(我稱四姨娘)家,聽說我這個雲南姑爺(女婿)要來,特地花了約千元人民幣在戶外蓋了間現代化的衛生間(那時節,岳母外甥月薪約五百元,在當地還算中高收入),如此待如上賓的盛情,真讓我過意不去。

　日前,胡錦濤在「告台灣同胞書」卅週年前夕,以中共中央總書記、國家主席、軍委會主席的身分發表談話,話裡軟中帶硬,但非常有善意,在他提出的「六點主張」中也講到「台灣文化」,正面肯定了「台灣意識」的存在,這是很大的進步。兩岸人民雖同文同種,但是,台灣與大陸在生活方式和文化價值確實存在著些許差異,要化解歧異必先相互尊重,並從人性與人情面去思考。這讓我想起那年隨岳母拜訪其大姊(我稱大姨娘),說好留宿兩晚,辭行時,年近九旬、眼已全盲的大姨娘,拉著我的手,用濃濃的雲南口音說「見不著,曉不得;見著了,捨不得」,表示她初見我的心情,希望再留住一天,她是以「摸」代「看」,此情此境,不留也難。這段過往雖屬人情之常,但是從兩岸關係發展來說,大陸要與台灣博感情,就要從這種人情之常來思考,所以,從人情面來說,拿著飛彈瞄準你卻想和你握手修好,是不是太傷感情了呢?

不可思議　難以理解

「人民日報」日前發表「銘記歷史，開創未來」的社論，片面論及是中國共產黨領導和推動抗日戰爭，掀起國內不同陣營的論戰，馬英九總統雖然「據史力爭」，民進黨人還是不忘扯他的後腿。諷刺的是，如果不是「人民日報」這篇社論掀波，台灣還有什麼人理會九月三日是什麼日子？抗日戰爭到底是誰領導的？不論國民黨、共產黨或民進黨，對於這一頁歷史，基於政治因素，各有不同史觀與看法，因此，其評價自然牛頭對不上馬嘴。但是，真相只有一個，歷史事實不容抹滅或扭曲。

兩岸分治六十餘年，從軍事對峙走上如今高唱和解，委實不易。馬英九上台以來，極力營造兩岸和解氛圍，推動互助互惠、合作雙贏的策略，ＥＣＦＡ的簽署，大概已經補足了李登輝及阿扁時代該做而未做的進度。所以，馬英九總統日前在接受媒體專訪時表示「（兩岸）現在可以維持這個速度穩健走下去，不必再快了！」這話，是在為兩岸交流發展輕踩煞車，也在堵住反對陣營質疑他會賣台的悠悠之口。

在台灣，都會區的百貨公司、大飯店、餐廳、夜市、知名風景區，甚至藝術表演等場所，聽到來自大陸不同省份的鄉音，已經是稀鬆平常的事；在大陸，不論一線、二線、三線城市以及觀光旅遊的名勝古蹟，被稱為「台商」或帶有特色的「台灣國語」也時有所聞。兩岸在文化、教育、宗教、經濟，甚至省市級的地方官員或退役高階將領的交流，如吃家常便飯。最近，大陸文化部長蔡武來台與文建會主委盛治

仁相見歡，可說是部長級官員不透過白手套的第一次接觸，顯見兩岸關係發展前景值得期待。

　　實質上，兩岸關係仍然充滿著複雜性和不確定性，雙方雖然不斷釋出善意，大陸方面更投入大量的人力、財力從事對台工作，但是，熱絡交往的背後仍存在著脆弱性，或許一個小小的波折就可能讓以往努力營造的良好關係受到傷害。就如這次「抗日戰爭究竟是誰領導？」的爭議，搞不好，會成為兩岸關係發展的另一個轉折點，正所謂「求同存異易」，「化異求同難」，不可不慎！

　　再拿日前發生在金廈海域的事來說，受到萊羅克颱風影響（大陸稱「獅子山」颱風），九月一日小三通全面停航，卻聞大陸客輪到金門載走十名大陸官員，民眾認為「不可思議」，既然「全面停航」，怎可單方面「片面開航」？在民眾難以理解的情緒中質疑這是「搞特權」。這件事責任究竟如何歸屬？似已不了了之，但是，它卻挑戰了兩岸雙方航務管理「停航令」的莊嚴性；況且，如果因此造成民眾對大陸方面負面的評價，對中共是否公平？

　　總之，兩岸交流交往中，如何減少「不可思議」情事發生，避免「難以理解」造成誤解，是值得思考的課題。

海峽論壇泉廈行

　　由大陸對台系統主辦的「第三屆海峽論壇」於六月十一日在福建省熱烈登場，著眼「擴大民間交流、加強兩岸合作，促進共同發展」。廈門主會場開幕式及「中華情、海峽緣」晚會，中共中央政協主席賈慶林、台辦主任王毅、海協會長陳雲林等要員與會；台灣方面由國民黨副主席曾永權領軍，廿二個縣市相關部門及社團負責人與基層民眾萬餘人參加，中共強調這是「聚焦基層，共享成果」具有草根性、民間性、廣泛性特點的兩岸交流活動，將予常態化。

　　本屆論壇的組委會規劃了十三大項活動，十六個子論壇，分別在福州、廈門、泉州、漳州、莆田等地區辦理。應台北市安溪同鄉會之邀，參加十二日至十四日在泉州市舉辦的「海峽百姓論壇」，係以「兩岸同根，閩台一家」為主議題，強調閩台一衣帶水，具有地緣、血緣、文緣、商緣、法緣之親；泉台兩地更是唇齒相依，關係源遠流長，主要活動包括閩南文化節開幕式暨「鄉土印象」閩南民間歌舞會演、海峽百姓論壇開幕式、百家姓聯墨展覽及族譜對接、兩岸姓氏文化交流研討會、宗親聯誼交流、參觀閩台緣博物館和市區景點等。

　　百姓論壇是以姓氏研究為主題的一場活動，十三日上午九時在閩台緣博物館前的廣場舉行開幕式，攝氏35度左右的高溫，頂著大太陽，中共中央政協領導及台灣支持兩岸和平發展的兩位社團負責人輪著致詞，講話內容流於制式，不脫兩岸要多交流發展之言。惟其中一位來自台灣某社團負責人致詞過於冗長，而且講的話頗有爭

議性，他從姓氏認同跳躍到「祖國統一」的說法，雖然迎合了大陸方面的想法，但來自台灣的與會者在台下議論紛紛，鄰座一位鄉親說：「姓氏認同和統一是兩碼子事，不能混為一談；交流就交流，何必講那些PLP的話……」。

十四日，結束泉州行程來到廈門會親訪友，同時連著三天觀察已近尾聲的台灣特色廟會展售台灣夜市美食，也是這次海峽論壇的活動項目之一，沿著中山路步行街兩側搭起的臨時攤位百餘個，銷售三百多種有台灣特色的食品，傍晚時分，人潮開始湧現，當地人或觀光客都有，入夜後已擠得水洩不通，攤攤生意紅火，尤其一口腸、大腸包小腸、滷味、燒賣、泰蝦、麵食棧、牛肉麵、紅豆餅、銅鑼燒，各式飲料和水果刨冰之類的攤位生意特別好，人氣最旺的要數深坑臭豆腐、梅工坊冰淇淋花生捲和台灣鹽酥雞(炸雞排) 等三家，每天都大排長龍，台灣美食深受歡迎的程度帶來業界極大的震撼，引來當地市場觀察者掀起是否常設「台灣夜市」的論戰。

大陸2009年五月中旬首屆海峽論壇，台灣來賓八千餘人，今年已突破萬人，顯見他們對台工作已經深入到台灣基層的各個層面，這種深化民間交流的現象，可以增加彼此的瞭解，促進雙方的情誼，對於兩岸和平發展具有指標性意義。

教育文化篇

翻轉中的金門

如何研擬完整配套設計，

使每一個學子在立足點平等的條件下，

公平合理的競爭，

確實建立多元的教育價值，

是教育改革工作者的當務之急！

教育改革隱憂多

　　同一天的報紙，在不同的版面，出現這樣的幾則標題：「台大推甄放榜，建中、北一女穩居一、二名」、「建中學區飆上291萬，刷新天價」以及「北市中正區，豪宅新戰場」。第一個標題，內容報導了今年台大甄選入學放榜，錄取的1216名學生中，建中佔了203人，北一女183人，高居第一、二名，第二、三個標題，則是教育部十二年國教政策還在搖擺不定時，建築業已經蠢蠢欲動，標下建國中學學區內的地皮，預備推出豪宅，海賺機會財。這些新聞內容之所以引起關注，自然是國人「望子成龍、望女成鳳」傳統價值觀下，眾多學生家長準備在好的學區卡位的心理，只是291.21萬不是一棟房子的總價款，而是每坪土地的決標價格，將來建商房屋推出，必然再創天價。

　　台灣的「教育改革」喊了十幾二十年，教改政策跌跌撞撞，始終搖擺不定，尤以如今民進黨政權為甚！從最近教育部十二年國教政策的朝夕說法不一，更讓人感到憂心忡忡；復以台北市為首的北部幾個縣市，從教材「一綱一本」和教育部的「一綱多本」槓上以後；加上目前高中、大學入學考試陸續登場，教改這個議題又吵得沸沸揚揚。要說大刀闊斧搞教改，以李登輝時期，找來一個頂著諾貝爾獎得主光環的李遠哲開始，這位物理博士是否懂得教育，李登輝心知肚明，所以，不要他的寶貝孫女李坤儀當教改的白老鼠，當年，國中畢業就趕快送出國，不少人對這一舉措的評論，認為這是以行動宣示教改必然失敗的命運。因此，這些年教育方向的偏差導致教育失序的亂象，是當前

最嚴重的危機。

　　另外一個例子，來自於我所認識、已經退休的一位知名大學校長，李登輝時期，他是「校園自主」下產生的大學校長，是一位具有淵博教育理論素養、極為專業的教育工作者。但是，面對教改大旗高高掛，他認為匆促上路的教改勢將問題重重，一看苗頭不對，毅然決然變賣座落於台北市著名文教區的兩棟房子，把一個唸高一、一個國中剛畢業的兒子，分別送到美國讀書。前幾年，二子先後取得碩士學位返國，目前職場得意，薪水豐厚，事實上，這位校長當年也是教育部教育改革的重量級委員之一，並且是某一項教育改革研究計畫案的召集人。他當年擔憂小孩在台灣受教育，做了這樣的選擇，讓人感覺到台灣的教育改革前景是暗淡且悲觀的！

　　台灣的教育改革碰到最糟糕的事，就是主管全國教育的首長向政治靠攏，凡事都以政治正確的思維在作決策。以大學教授治校、校園自主來說，國民黨時期至民進黨執政後的黃榮村部長，對於公立大學校長遴選，相關學校的校長遴選委員會，依程序完成審查，並按候選人得票數排出先後順序，教育部形式審查後，基本上，校方報部列名第一者，當可獲得派任。惟自杜正勝接任部長後，教育部即強勢介入，在政治色彩的考量下，經常發生乾綱獨斷，只要二、三，不要第一的現象，搞得爭議不斷，風波難止。其中，以師大「黃光彩事件」為最；其次，則以這一任的台大校長遴選，外界也以政治力介入作評論，當時，吾鄉俊彥，也是我高中同學楊永斌博士，得校內師生及社會公正人士評選，在台大是名列第一的首選，卻在教育部遴選時生變，令人扼腕！

　　有權勢、有雄厚財力者，可以前述方式，採取在小孩國、高中時送出國當小留學生。在國內的學子面對的，則是從小就大補特補，一路補習到大學。但是，以現在大學入學分兩階段的考試來說，這次台

大推甄錄取的1216人中，只有一位低收入的小孩上榜。有論者就認為，這種推甄方式，擺明的就是讓有錢人家的小孩具有更多選擇的機會；成績同樣優秀的學生，家庭經濟能力不足者，將居於劣勢。試以這次登上台大五個系的那位女生為例，如果她的家境清寒，是否有條件一次選擇推甄五個系？因此，如何研擬完整配套設計，使每一個學子在立足點平等的條件下，公平合理的競爭，確實建立多元的教育價值，才是教育改革工作者的當務之急吧？

迎春接福祈新願

　　今天是農曆新年正月初九，是閩南傳統民俗信仰中「天公生」的日子，也就是俗稱玉皇大帝的誕辰。按金門風俗，民間都以虔誠的心情舉行「敬天公」或「拜天公」儀式；家家戶戶在初八晚上即擺設供桌，以三牲或五牲搭配素果及特製的「桃仔粿」等為祭品，全家大小整肅儀容以待，至子時(十一點)，由家中長者上香，行三跪九叩或十二拜之禮，祈求上蒼賜福、庇祐闔家平安、諸事順利，然後按輩分長幼依序跪拜行禮如儀。此時，但聞各鄉社鞭炮聲此起彼落，為這個隆重的儀式掀起高潮，之後，人們帶著歡愉的心情進入夢鄉，迎接充滿希望的未來。

　　閩南文化泛靈崇拜的神明觀，源自於「敬天畏威」的思想，所謂「祭如在，祭神如神在」，說明人們以虔敬之心祭拜先人和奉祀神明所衍生的信仰之精神價值。在民俗信仰中，玉皇大帝是百神之長，所以在人們心目中地位崇高。緣於對民俗信仰及宗教文化之尊重，在提倡「說好話，做好事」的新春期間，謹祝鄉親們福祚盈門，吉祥如意，同時，逢此迎春接福之際，提出新春三願，祈求天佑金門，澤被蒼生。

　　一願府會和諧，縣政推動順遂。縣議會於春節前通過本縣九十七年度總預算案，府會同感欣喜，可視為送給鄉親們一份珍貴的春節賀禮。綜觀這次的年度總預算，歲入總額為九十一億二千餘萬元，歲出總額為一百億零二千餘萬元；同時，縣府所提包括「審議『金

門縣婦女照顧子女津貼自治條例」部分條文修正案。」等十二項提案,亦順利獲得通過,表示本年度之重要施政將得以逐步推動與落實。因此,我們希望在府會和諧的良好基礎上,議會繼續發揮為民眾看緊荷包之本務,嚴格監督預算執行;至於縣府各部門,則應依法行政,認真推動政務,府會各盡職能,共創雙贏,以不負民眾之付託。

二願中央釋出利多政策,以振興地區經濟。金門在解除軍管與解嚴後,經濟發展條件不變,經濟發展的方向始終在摸索中且戰且走,縱有政策構想與目標可以創造良好的經濟環境,唯賴中央政府充分支持始克有成。但是,長久以來,為振興地區經濟之有關構想與方案,舉其要者如「擴大小三通中轉」、「金門行政特區」、「金門經濟特區」、「金廈經濟特區」、「一國兩制試驗區」、「金廈和平特區」等均受制於人,迄無鬆綁跡象。值此新春時節,期盼中央能就其中易於定奪之「擴大小三通中轉案」政策放行,讓停滯不前的金門經濟走出陰霾,帶來一絲曙光。

三願國家領導得人,政治清明,國運昌隆。台灣經過政府無能失德、經濟停滯、國力衰退的八年,亟待休養生息,整裝待發。如今總統大選藍綠兩軍對壘,在未來的一個多月,必將延續春節前負面選舉方式的戰火,令人憂心。須知,總統選舉是最高層級與最高規格的選舉,應將國家大政方針等公共議題列為選戰主軸,捨此不由,卻見以枝枝節節的議題質疑對手的「忠誠度」,委實令人遺憾!因此,我們認為,台灣需要一位道德操守符合人民期待的總統,更需要一個清廉而有效率的政府,才能帶領全民突破當前的困境。

新春三願,家事、國事、天下事都有新的期盼,祈祝這一年政治清明、社會祥和、經濟復甦、兩岸和解,國家生命力早日回春。

新時代的生兒育女觀

　　台灣的生育率一年比一年低，已與德國並列為全球生育率最低的國家。政府雖然先後提出一些生育補助、育兒津貼，甚至獎勵措施，但仍未見起色。最近勞委會提出安胎假的新構想，希望定案後在今年五月份實施，看似保障孕母權益，但看衰者認為，私人企業主如果不支持與配合　，安胎假的弊大於利，對提升生育率效果有限。另者，內政部用心良苦，計畫以百萬元獎金徵求「聽了想生小孩」的口號，實乃官員不食人間煙火，犯了「閉門造車」的通病。

　　少子化現象是世界比較現代化國家的一種趨勢，但台灣少子化問題之所以日益嚴重，很大一部分原因在於從第一次政黨輪替以後這十幾年來政治不穩定、經濟沒起色。現在年輕夫婦不想（願）生育小孩，尋其根由乃社會結構的改變，政治、經濟環境不理想，年輕族群生活壓力沉重，加上社會治安問題與教養負擔以及崇尚新潮，使他們逐漸擺脫傳統「養兒防老」觀念的束縛。所以，要解決這些環環相扣的問題，不是一句口號喊得動聽、響亮就能激發國人的「生趣」，因此，政府要能找出他們不願生兒育女的背景因素和問題的癥結，提出具有誘因和完整配套的人口政策，才是正辦。

　　其次，讓許多女性同胞「聞生」卻步的原因，是受到華人社會「傳宗接代」宗祧觀念的束縛，擺脫不了「重男輕女」、「養兒防老」的思維，「要生男孩」成了不少婦女同胞不可承受之重，「怯生」或逃避有時候是不得不的選擇。憶起廿多年前住在中和南勢角時，隔壁陳先

生是「田僑仔」之子，育有二女，年齡間隔約一歲，由於他家兩代單傳，其父母親抱男孫心切，到處求神問卜，說媳婦該年某月某日在某個方向與夫同房必懷男胎，折騰了十個月，還是女孩。公婆不死心，使出「每得一子贈屋一棟」獎勵「增產報家」，這對夫婦不願生，雙雙辭去工作、出清手邊不動產，舉家移民加拿大，留下這對老夫婦守著家業。

父權優先的觀念在傳統中國社會根深蒂固，華人「重男輕女」觀念使得新生嬰兒男、女比例失衡至為普遍。根據最近一期「經濟學人」雜誌報導，各國新生兒性別比例差異，以中國大陸、台灣、新加坡、韓國等華人文化地區最為嚴重。早期傳統社會，「出丁」是家族大喜事，表示後繼有人，可以告慰列祖列宗；遇有膝下猶虛者，則由兄弟中男丁多者「過房」承祧；另有以招郎（入贅）延續家族血脈者。實質上，「繼承」可解讀為「承祭」，也就是承繼祭拜祖先的家族使命。

處於廿一世紀的今天，在傳統和現實之間，先兒育女的觀念要有新的思維，重質不重量，男孩或女孩就隨緣吧！

台灣瘋媽祖金門迎城隍

　　台中大甲媽祖遶境活動開場，鎮瀾宮媽祖鑾駕於四月十六日晚上十一時起駕，神轎出廟門，信眾搶摸神輿，搶鑽轎腳，擠爆廟埕，從廟口到廟前的順天路，二十餘公尺，如蝸牛般走了一個多小時，通過距廟五百餘公尺的水尾橋已是次日凌晨一點半。這個原來以週邊五十三庄信徒參與的進香活動，現在已發展成來自全台以及境外人士同來湊熱鬧的盛大活動，帶給大甲及進香沿途的經濟產值約廿五億元，「三月瘋媽祖」已然成為台灣媽祖信仰文化的一大特色。

　　媽祖，相傳是福建莆田湄洲灣畔的民間女子，其生平事蹟版本不一，歷經千餘年，考證相當困難，一般說法，媽祖本名林默娘，誕生於宋太祖建隆元年（西元九六〇年），於宋太宗雍熙四年（九八七年）飛升成仙，鄉人立祠奉祀，至宋徽宗宣和五年（一一二三年）朝廷賜順濟廟額，終由私祠成為合法祠祀。宋室南渡，閩人官兵屢建奇功，媽祖助軍神蹟為時人讚揚；元、明、清三朝，隨漕運興盛，水手相傳，信仰日隆，歷代皇帝多次褒封，尤以清朝施琅收復台灣，上奏媽祖助戰情報，因此，有清一朝之褒封達到高峰，至清同治十一年，詔誥的最後封號計六十六字，「天上聖母」䁢昭慈濟，德侔天地。

　　媽祖信仰傳入台灣的時間，眾說紛紜，有說始於明鄭時期，隨閩南移民渡海而來；有說是清領時期朝廷利用神威統治軍民時傳入。現有史料顯示，澎湖馬公天后宮有明萬曆年間之石碑，被視為台灣地區最早的媽祖信仰，另者，有論者認為，鄭成功為福建南安縣人，南

安人素以「玄天上帝」為水神，據「台灣縣志」記載，明鄭時期，台灣上帝廟共十二所，其中七所為鄭氏所建，可知玄天上帝為台灣當時主要神祇，施琅平台後，康熙廿三年，清廷將台灣納入版圖，將寧靖王府改為天妃宮，奏請朝廷誥封媽祖，納入官方歲祭；施琅並於今之澎湖、台南、左營等水師駐紮地建置天妃宮為官兵信仰。同時，隨著閩、粵移民湧入，媽祖信仰不斷增長，成為台灣漢人社會主要信仰之一。

　　媽祖信仰在台灣的傳播發展，已經落地生根並形成了有在地特色的信仰文化，大甲鎮瀾宮繞境進香，隨香及沿途頂禮膜拜之信眾號稱百萬，被Discovery頻道譽為全球三大宗教活動之一。鎮瀾宮的管理經營者，成功地將民間信仰活動轉化為極具文化創意與經濟效益的產業，引發各地寺廟模仿、複製的浪潮，呈現出台灣「瘋媽祖」的奇蹟。

　　金門民間信仰源自於閩南文化泛靈崇拜的神明觀，供奉神祇因地而異，以「王爺」崇祀最為普遍，媽祖信仰以濱海聚落較多，而宗教文化活動則以每年農曆四月十二日「迎城隍」最盛，今年「金門迎城隍」是宗教的、文化的、觀光的盛會，李沃士縣長在相關籌備會議要求做好萬全準備，將該項活動推向台灣，走向世界。茲值台灣「瘋媽祖」之際，大甲鎮瀾宮的經驗，或許有可供借鏡之處。

熱熱鬧鬧迎城隍

　　農曆四月十二日迎城隍是浯島每年宗教、民俗活動的盛事。近年來，在官方配合文化創意與觀光產業輔導政策，以及廟方與其他社團努力經營下，已然從傳統的廟會活動，發展成富有教育文化、民俗信仰、觀光旅遊、民間藝術等多樣化和多重意義的重要活動，傳統與現代兼容並蓄，是具有在地特色的宗教文化。

　　今年是浯島城隍遷治三三〇週年紀念，以「二〇一〇金門迎城隍」為主題名稱的系列活動，於五月八日晚，由李沃士縣長主持鳴鼓拉開序幕，熱鬧開鑼；金城鎮主辦的「城心感動迎城隍文化展」系列活動亦次第展開。李縣長更卯足了勁，跨海赴台辦理「金門迎城隍，縣長送佛帖」記者會，廣邀世界遊客及客居台灣的鄉親共襄盛舉，來「逗鬧熱」。

　　「金門迎城隍」這項傳統活動要傳承下去，發揚光大，必須推向台灣，走向對岸，邁向世界。看看台灣三月瘋媽祖的盛況，大小媽祖廟都各具巧思，各有特色。尤其是，台中大甲鎮瀾宮如何將民間信仰活動轉化為具有文化創意與經濟產值的過程，引人好奇，許多媽祖信仰文化研究者聚焦在這座外觀不十分起眼的小廟，探索著鎮瀾宮創造的傳奇。

　　鎮瀾宮傳奇，相當程度受益於台灣的自由化與民主化。觀察其「發跡」的軌跡發現，該宮管理領導層採取了堅持傳統與挑戰傳統兩條軸線平行發展的策略，終於闖出一片天。就堅持傳統言，鎮瀾宮的

遶境進香，八天七夜（今年是九天八夜），來回約三百公里路程，都堅持以步行的傳統來維護進香的神聖性，成為媒體關注的焦點，也是台灣宗教活動的盛事。

　　在挑戰傳統方面，該宮幾度變革已改變了爐主、頭家負責主持進香的成例，由廟方組成的管理委員會、現在的鎮瀾宮財團法人董事會管理，他們將寺廟當作事業體，用現代化企業管理和行銷方式經營，以創新和冒險精神大膽決策，例子很多，略舉二端。一是挑戰政治禁忌，在一九八七年政策未開放前，由董事長王金爐率董監事十七人，使用觀光名義，借道日本轉赴大陸湄洲參加媽祖成道一千年紀念活動，請回媽祖神像、香爐、印信，儼如湄洲祖廟在台灣的代言人。其次，鎮瀾宮於一九八八年與北港朝天宮爆發北港進香是分靈子廟「回娘家」的爭議，雙方共識不足，鎮瀾宮領導群決定停辦了行之有年的北港進香、刈火，改道至新港奉天宮遶境進香、為媽祖祝壽。鎮瀾宮的領導群經營有成，2001年組織了「台灣媽祖聯誼會」，致力於兩岸交流及媽祖相關創意產業的發展，成為台灣媽祖廟主要領導者之一，其中，他們與大陸祖廟的連結，是頗為關鍵的因素。

　　「金門迎城隍」要邁向世界，連結大陸的這一部分還有很大的發展空間，有賴主其事者創新思維，掌握兩岸宗教交流的有利發展契機，開發宗教文化的相關產業。

塑造金門迎城隍品牌形象

今年迎城隍熱鬧非凡，隨著農曆四月十二日城隍遶境巡安活動結束劃下完美句點；配合迎城隍的金門國際文化藝術節「魅力浯江藝獻城隍」的系列活動，也在五月卅日圓滿閉幕。在公部門政策指導，廟方及民間社團、企業與地區文史工作者的協力推動下，這項傳統民俗的廟會活動保持著富有閩南民俗文化的原汁原味，呈現文化薪傳的優勢；另一方面，將「金門國際文化藝術節」與「迎城隍」的連接，整合出一氣呵成、多元、多面向的文化饗宴，這樣的發展，賦予金門傳統民俗文化活動豐沛的生命力。

台灣地區休閒文化產業發展快速，地方政府也極力整合當地文化資源與特色產業，將民俗文化及宗教活動轉化為觀光資源，藉以帶動地方繁榮，營造有成的例子如宜蘭綠色博覽會、東港鮪魚季……等，大甲媽祖遶境進香更是名聞遐邇，是台灣具有代表性的觀光文化產業之一。他們之所以能馳名國際，一方面固然是鎮瀾宮管理階層以企業化管理、善於行銷使然；另一方面，地方政府的大力支持與推動也是關鍵因素。打開台中縣政府文化局策辦的2010台中縣大甲媽祖國際觀光文化節的摺頁，今年是以「百福駢臻迎媽祖」為主題，系列活動總共101項（次），其中非關媽祖信仰文化的活動計「2010中華民族海內外同胞聯合祭祖大典」等49項，與媽祖信仰文化相關或掛名在鎮瀾宮廣場辦理的活動計52項。

「百福駢臻迎媽祖」系列活動，自2月28日，元宵節就拉開序幕，

至五月三十日結束,全縣的重要文化藝術活動幾乎集中在這段時間辦理,尤其是產官學界的參與,例如:遶境進香前、後各辦理一場研討會,從學術角度探討媽祖文化;另從商業角度開發出相關的文化創意產品,計「大甲媽永保平安金牌」等35種,這些都是讓整個文化節活動校園化、學術化、生活化、商業化、國際化的重要推手,從一個民俗慶典活動發展到今天成為具有地方特色的觀光活動,也讓媽祖文化呈現出不同的風貌與時代意義。

之前,我在「台灣瘋媽祖,金門迎城隍」及「熱熱鬧鬧迎城隍」文中,對台中縣大甲鎮瀾宮創造的傳奇著墨甚多,總結其闖出名號的關鍵因素乃「事在人為」,或許有人認為,金門的地沒有台中縣大,人沒有他們那麼多,財力恐也不如他們雄厚,所以做不到他們那樣子火紅,事實不然,金門「地小菁英多,人少志氣高」,不必劃地自限,也不必去比規模大小,所謂「眾志成城」,以今年迎城隍的盛況來看,假如吾鄉濟濟多士,集合智慧、齊心合力,勇於創新、敢於突破,假以時日,必能將迎城隍的民俗活動與文化藝術整合推動,並且考量觀光客群的層次與偏好之不同,在活動項(節)目的設計上妥為規劃與區隔(精緻化),重視行銷策略,塑造具有金門在地特色的品牌形象,讓迎城隍成為金門的重要文化資產,不但走向兩岸,進而躍登國際舞台,展現迎城隍的觀光文化價值。

對台灣與金門學子大陸學歷認證的看法

馬英九總統日前明確宣示，政府已經準備承認大陸學歷，將於明年開放大陸學生來台就學。對於這項攸關兩岸廣大學子權益的重大政策，學界正反意見以及社會呈現莫衷一是的分歧現象，尤其一些本土社團、學者、民代頻頻以記者會或投書平面媒體評論，更有以這次「毒奶粉事件」為例，認為承認大陸學歷與開放大陸學生來台升學等於慢性自殺，會自食惡果等云，呼籲政府不要輕率開放承認大陸學歷，讓台灣自陷險境。

對於採認大陸學歷與開放大陸學生來台升學的利弊，立法院法制局曾經提出研析報告，認為如果政府開放此一政策，將會產生「提升國際競爭力」、「拓展教育市場」及「促進文教交流」三大正面影響；並直陳亦將「衝擊國內就業市場」、「大專院校供過於求狀況更加嚴重」、「危及社會安定及國家安全」等三大負面影響。這些利弊互見的爭論，政府應該審慎因應，更由於兩岸關係之複雜性，所以必須建立跨部會的整合機制，做好週全準備與完整配套措施，據以執行。

為處理大陸學歷認證之相關問題，教育部自民國八十一年即著手研擬方案，八十六年「大陸地區學歷檢覈及採認辦法」草案出爐，由於社會疑慮不斷、共識不足而延宕；復因民進黨政府時期公開表態不承認大陸學歷的做法，使這個問題遲未定案。惟自馬英九就任總統以後，採取開放政策，因此大陸學歷採認與開放大陸學生來台就讀政策已箭在弦上，勢在必發。最近媒體披露，教育部初步規劃採

認大陸學歷政策，將採取漸進式做法，初期只採認大陸學生的大陸學歷，未來才會進一步採認台生的大陸學歷。因此引發「台灣留學大陸青年學生發展協會」（簡稱「台生會」）不平之鳴，認為這是本末倒置的做法，呼籲政府應該重視渠等升學權與工作權之公平性，優先採認他們的大陸學歷。

事實上，目前國內急需大陸學歷採認的對象，分別是台灣去的學生及大陸來的配偶。就台生赴大陸升學來說，其背景因素各有不同，以台商子女為大宗，其次是個別赴大陸升學者，而金門學子緣於開放小三通之機遇，得地利之便，負笈大陸者為數也不少。據非官方統計，自開放大陸探親迄今二十一年，台生取得大陸高等教育以上學歷者約三萬餘人，「台生會」之統計則為七千餘人。但是無論人數多寡，或者他們是在什麼情境下赴大陸升學，總是希望政府採認他們的大陸學歷，給予回台繼續升學或就業的合理權益與機會。

由於政府對台生大陸學歷採認久懸未決，致渠等返台、金升學或謀職，其大陸學歷形同廢紙。這些台灣及金門的學子在大陸求學，除非選擇在大陸繼續深造或工作，否則畢業後不能以所獲得之大陸學歷返台、金升學或就業，只好到國外「漂白」再回來，案例時有所聞，其就學權與工作權明顯受到不公平對待；再者，都是台灣學子，政府可以承認外國學歷，卻不採認大陸學歷，衡情論理，豈不荒謬可笑？

我們支持政府這項重大教育政策，但在採認大陸學歷的做法上，再度籲請政府應該區分輕重緩急與本末先後，台生大陸學歷認證與大陸學生大陸學歷認證，何者為重？何者為輕？何者為先？何者為後？或者同時採認，殷望政府以維護本國學子的權益為優先考量，做出明智之決定。

為爭取招收陸生「先試先行」做好準備

　　立法院教育及文化委員會於六月三日排定審查攸關陸生來台的大學法、專科學校法部份條文修正草案，民進黨為了阻攔初審，對該黨立委下達甲級動員，在程序發言後包圍發言台，阻撓教育部長鄭瑞城上台，讓他無法為法案報告說明，亦未能依民主程序理性討論，根本是「為反對而反對」的「鴨霸」行為，令人遺憾。部份國民黨籍立委認為這是「逢中必反」的心態作祟，若一再以這樣的手段杯葛議事，不排除將此法案逕付二讀，以免受到非理性抗爭而延宕審議。

　　開放陸生來台就讀，國內大部份大學及技專院校都引頸以盼，希望盡快放行上路。五月初，開放陸生相關法案受到民進黨籍立委強力杯葛，演出鎖住會議室抗爭鬧劇，癱瘓議事，引發爭議。隨後國立大學校院協會、私立大學校院協進會、私立技專校院協進會共同發表聯合聲明，認為開放陸生來台及大陸學歷採認是「三贏」政策，對國家利益、高等教育發展、青年學子學習都有助益，公開肯定政府的政策立場；同時表示，大陸高等學校教育品質提升，世界各國對大陸學術發展多持肯定立場，都採認其學歷，並以韓國、日本及歐美國家積極招收陸生的事實，呼籲各界回歸理性，讓相關法案能盡速順利通過。

　　隨著兩岸關係良性發展，近來兩岸學術交流活動日趨頻繁。日前，由廈門大學法學院與集美大學政法學院師生組成的學術交流訪問團抵金，與金門技術學院進行交流，雙方都希望往後可以更加密集

交往,和諧發展,共同進步。值得重視的是廈大法研所經濟學碩士生顏東生提出大陸學生的共同疑惑,他說,大陸許多學生都知道未來可能開放陸生來金門就讀,但是有關金門技術學院的資訊並不多,不瞭解該校的重點科系,建議多做宣傳,增進瞭解。這個意見可提供金門技術學院做為爭取陸生努力的方向。

金門居於兩岸間的紐帶地位,應該架起合作的橋樑,社會大眾普遍期待為兩岸交流扮演更積極的角色。在諸多有關金門未來發展的願景中,爭取成為招收陸生的「試點」一直是縣府長久以來全力支持的重點項目,並每年編列「大學建校基金」,爭取由學院升格為大學。經多年努力初步傳來佳訊,據金門技術學院李金振校長日前表示,該學院正積極推動改制為大學,朝向金門「大學島」、「大學城」的目標邁進。同時,該校為爭取招收陸生,正積極強化本身教學能量與教學品質,已規劃招收首批陸生二○○名,並極力爭取成為國內第一所招收陸生的大學。因此,只要大陸學歷認證與開放陸生來台政策獲得通過,金門有信心成為招收陸生的「先試先行」地區。

從世界各主要國家採認大陸學歷及與大陸學生交流日益密切的事實,我國開放陸生來台就學已是大勢所趨。段望政府詳予規劃配套措施,充分溝通說明,取得社會共識,以減低政策推動之阻力;再者,希望民進黨認清現實,回到理性問政的正軌,發揮監督政府施政之功能,勿做非理性與無謂的抗爭,讓此一政策早日付諸實施。此外,金門具有爭取招收陸生「試點」任務的最佳條件,金門技術學院允宜未雨綢繆,除了賡續加強教學軟硬體建設,並以新的行銷策略,廣為宣傳學校特色與重點科系,為招收陸生「先試先行」做好萬全準備。

政治領袖與品德教育

　　教育部日前宣佈預計花費十二億元,用兩年時間推動「台灣有品運動」,引發各界討論,批評者認為政府如此編列預算,大而無當,教育部在外界質疑下,從善如流,刪減了兩億多元,並由鄭瑞城部長親自出面解釋,依據多年推動「品德教育促進方案」累積之經驗,希望經由品德教育、藝術紮根、終身閱讀及環境永續四大計畫,持續朝著「做人有品德、做事有品質、生活有品味」的目標而努力。教育部的用心值得肯定,但是社會大眾憂慮的是,流於形式的口號宣傳或八股教條式的課程教育,能否真正達到預期的目標。

　　由於社會進化,商業化、機械化、城市化之後,人們競相以功利效益為追求目標,鄙視道德甚至淪為物慾的奴隸,人性因物化而扭曲,道德全面倒退,是世界性的普遍現象和嚴重危機。在這種全球道德退潮趨勢影響下,台灣社會道德下滑的情況更令人憂心,時下的年輕人,自我意識強烈,講求速食文化,沉迷網路、電玩,偶像崇拜、愛現愛秀、崇尚名牌、愛好聲光、漫畫、機車等等e世代的玩意兒;一般人追求的是眼前的快樂與利益,人人想著走捷徑致富,只講利益,不顧道義,日久心靈虛空、價值混淆,只有私慾、沒有公德,各種敗壞道德、殘忍不堪的手段令人不忍卒睹,殺人、搶劫、傷害和色情犯罪率上升,治安惡化,對傳統社會價值體系「殺很大」,這些現象顯示,家庭教育、學校教育、社會教育都出了問題,所以,加強品德教育已到刻不容緩的地步。

政治人物的言行是對社會道德影響最大的一個因素。本該是展現民主素養的議事殿堂，民意代表卻藉著言論免責權的保護，對官員質詢，絲毫不給尊嚴，或散播不實言論汙辱對方，甚至使用肢體或語言暴力，叫罵、扭打，不一而足。試想，一個會比中指嗆人、在國會殿堂上打同仁巴掌的女性立委，還公然自稱父母把她教養得很好，類此粗暴、庸俗、落伍的言行舉止，給全民做了最壞的示範，「教壞囝仔大小」，是沒有教養和無品的表現，但卻還是得到一部份選民的支持，相當程度反映了選民的素質，是民主政治的隱憂。

　　政治領袖的言行舉止，往往為品德教育帶來關鍵影響。爰引前總統陳水扁為例，遠者，他於二〇〇一年六月十日在台北大學畢業典禮致詞時，公然爆料夫人吳淑珍女士當年的畢業論文是由他代筆的，他視為美談，當場則是笑聲與掌聲不斷，這種事是社會的壞榜樣，更是對年輕學子不良的示範，社會人士、媒體都沒任何評論，更不見學術界提出對學術倫理與道德傷害的批判。

　　良好品德是做人的重要條件，也是家庭教育、學校教育和社會教育的核心課題，環環相扣。當此人心沉溺、社會價值混淆之際，教育部推動品德教育是切中時弊、重建社會道德的重要政策。但是，在推動有品運動的過程，更不能忽視政治人物風行草偃的影響因素，因此，衷心呼籲，政治領袖應該以優良的品格和道德情操，為品德教育做出良好的示範。

「閩南語」與「台語」正名之辨

　　日前一些本土社團人士到教育部抗議，指稱「閩」這個字是「蛇」的意思，而「南」則是有「蠻夷」的意涵，認為國中小學「閩南語」課程名稱有歧視意味，要求將「閩南語」課程正名為「台語」課程。這個抗議行動凸顯了少部分本土社團人士為遂其主觀訴求，拿「閩」、「南」二字的字義來抗議，無端掀起「閩南語」與「台語」正名之爭，有過度炒作、刻意將此議題政治化之嫌，實非社會之福。

　　台灣是個由多族群組合的多元社會，因為種族、血緣、地域之別，概分為閩南人、客家人、外省人、原住民等四大族群。由於閩南族群人口居於多數，他們講的「閩南語」習稱「台灣話」或「台語」，社會約定成俗，其他族群不以為忤。事實上，台灣閩南族裔祖先大多來自福建閩南的泉州、漳州地區，母語就是閩南語，大體上是泉州腔或漳州腔之分，明清時期移民來台後發展出所謂南部腔、中部腔、北部腔、海口腔、鹿港腔……等，不論是什麼腔，都是屬於閩南語語系，學術研究或官方稱謂都以「閩南語」定位之。

　　台灣民主化過程，族群和語言問題成為政治人物操弄民粹政治的工具。李登輝執政時期推動本土化以及陳水扁執政時期大力推動「去中國化」政策，從教育、文化著手，極力扭曲文化傳承，意圖切割與先民大陸原鄉的相關聯繫，諸如以「台語」取代閩南語的稱謂，並自創「台語」用字，以與國（漢）字區隔，一時間，本土文學、本土文化、本土語言成為顯學，閩南語或台語詞典紛紛出籠，內容五花八

門,亂象叢生;再如當時教育部杜正勝部長主導公佈了三百個閩南語常用詞,譬如:將心情「沉重」寫成「震動」,意思相去甚遠,如此令人啼笑皆非的錯誤不知凡幾,這是政治力粗糙操作造成之害,足資警惕!

　　這次少部分本土社團抗議「閩」、「南」二字具有歧視意味,要求將「閩南語」正名為「台語」的訴求,理由過於牽強且缺乏正當性,是明顯的政治操作。若以坊間出版之國語字典、辭海、辭源、辭彙等相關辭典登錄之閩、南二字,未見此歧視性涵之字例,而閩南之稱謂指的是地域,因此,渠等片面引用說文解字的說法,是為了遂其以「台語」取代「閩南語」之目的所作斷章取義之解讀,更缺乏對台灣社會其他族群的尊重,因為,那一種語言可以稱為「台語」,基本上仍然存在極大爭議,就如同金門人普遍都講閩南語,習慣上以「金門話」稱之,事實上與福建閩南人、台灣閩南人所講的閩南話都屬同一語種,只是腔調有別,如果大家都以本土為訴求,強調自己主體性,那麼金門人也要求將所講的閩南語正名為「金門話」或「金語」,豈不荒誕不經?

　　質言之,台灣閩南族群講的母語就是閩南語,學術名稱或官方稱謂都是「閩南語」,台灣少部分本土社團人士欲將閩南人所講的母語正名為「台語」,是捨本逐末的政治秀。我們認為,真正關心本土文化發展的有識之士,不必在「閩南語」或「台語」正名行無謂之爭,應該重視的是閩南母語正在逐漸流失的危機,理應思考如何積極拯救母語,並致力為閩南語的保存、維護、傳承與發揚而努力,才是正道。

媽祖生卒時地之辨析——海不揚波戰鼓息

　　今天是農曆三月廿三日，相傳為媽祖生，且已相沿成俗，坊間曆書亦作如是記載。惟自上世紀八〇年代以來，海峽兩岸媽祖文化交流熱絡，媽祖信仰的學術研究勃興，相關研究論述中，對於媽祖林默娘出生地及其生卒時間卻衍生歧見，究其原因，乃自古至今媽祖文獻所述事蹟，諸多無法從史書中得到印證所致。

　　媽祖的出生地究竟在湄洲嶼或莆田的賢良港，大致有兩派說法，一說媽祖誕生於賢良港而在湄洲島飛昇，今之賢良港有天后祖祠，湄洲島上有其羽化遺址。另一派則主張如今湄洲嶼媽祖祖廟就是祂的出生地和飛昇處。實則，湄洲天后宮始建於宋代，曾因元、明、清數朝之海禁政策而廢毀。國民政府時期為破除迷信曾一度查禁，當地人將宮名易為林孝女祠得以保留。中共建政後，湄洲島列為軍事管制區，百姓進入諸多限制，尤至文化大革命時，宮廟全毀。大陸改革開放以後，湄洲島人於八〇年代初糾眾建廟，僅卅餘平方公尺之單殿式建築，台灣漁民時來參拜、迎神像之後，在台灣信眾捐獻及當地官民集資迅速擴建，始有今日巍巍宮廟，並定調為祖廟，媽祖被定位為「海峽兩岸和平女神」，是以如今兩岸信眾大多認同湄洲嶼就是媽祖的生卒地。

　　至於媽祖生卒時間的爭論，有四種說法，最早是宋末元初莆田劉克莊撰「風亭新建妃廟」謂媽祖生於宋太祖建隆元年（西元九六〇），卒於雍熙四年（九八七），其後「天妃顯聖錄」、「敕封天后志」

等書均據之，並具體記載誕生日為三月廿三日，九月九日在湄洲嶼飛昇。第二種說法謂其生於唐天寶元年（七四二）；第三種說法謂生於宋哲宗八年（一〇九三），據推論，顯然有誤。第四種說法謂生於宋太宗太平興國四年（九七九）三月廿三日，卒於大中祥符元年（一〇〇八）十月十日。若按「閩書」以媽祖得年卅的記載，則以第四種說法較為合理；惟第一種說法幾已相沿成俗，後世著述多採此說，尤其清代以降，各地媽祖廟宇均以此說之生卒日舉行祭典。

　　吾鄉媽祖廟十餘座，其中如官澳村龍鳳宮有副作於清咸豐七年（一八五七）的對聯：「水德揚檣，海國慈帆普濟；母儀稱后，桑榆俎豆重光」，說明該廟歷史淵源及媽祖信仰的久遠。日前，金門信眾組成「金門各界赴湄洲媽祖祖廟，泉州天后宮朝聖團」，在莆田及泉州兩地掀起宗教交流的高潮，盛況空前，有參與朝拜的鄉親說，媽祖真興，這趟進香之旅來去都風平浪靜，沾染神氣，風光十足。

　　媽祖，是我國歷史上極少數女性成神者，是海內外華人奉祀的主要神祇之一，為中華文化一個重要的組成部分。當湄洲民眾高舉「天上聖母，祖在湄洲」熱烈迎賓，呈現媽祖信仰同根同源的氛圍，對兩岸人民來說，盼的是：海不揚波戰鼓息，讓媽祖真正成為「海峽兩岸和平女神」，至於媽祖的生卒地以及生卒時間的辨析，留待專業人士去考證吧！

誰的青年節

　　今天是民國100年的青年節,但是這個節日在臺灣卻是處境尷尬,除了總統在忠烈祠主持的公祭革命先烈及陣亡將士行禮如儀,中央政府表揚「十大傑出青年」,地方政府則因執政的黨顏色有別,辦的活動也大異其趣。

　　青年節是為了紀念民國前一年(西元1911年)3月29日,同盟會黃興率黨人在廣州起義,與清兵激戰失敗,死難者皆為青年菁英,其中72人合葬於廣州黃花崗,是役震驚宇內,掀起推翻滿清政府的高潮,武昌起義,全國響應,辛亥革命成功,民國肇建。國民政府為表彰烈士們捨己救國的偉大精神,於民國33年3月6日,明定每年3月29日為青年節,英烈精神得以照耀千古,垂範後世。現在5、60歲左右的人,中學階段的作文,經常出現「青年的時代使命」、「青年節應有的體認」、「青年節的省思」之類的題目。那時節,我們要「反攻大陸」,中共則要「解放臺灣」,兩岸關係對立緊繃,所以在國民黨黨國一體的教育下,時代考驗青年、青年創造時代,為了國家民族的未來,必須繼志承烈、踵武前賢之類的話躍然紙上。拜教育潛移默化之功,當年金門青年從軍報國從不後人,固然有著現實因素,然其愛國情操是不容質疑的,比起現在一些說「愛臺灣」的那個「愛」要來得真實、真情且堅定。

　　不同世代間因成長環境有別,對事情的看法就會有著差異,所以會有「代溝」的問題。為了瞭解現在青年人對青年節的看法,我在

親戚家問到他大學一年級的孩子讀林覺民「與妻訣別書」的心得，他說「那是啥米碗糕啊，沒讀過！」，至於「黃花崗七十二烈士」，他更是「莫宰羊」，青年節的由來，他是略知一二，細究之下，不是他程度差，是現在中學教材中沒有林覺民的這封家書，青年節的由來也是一筆帶過。所謂「要亡其國者，先亡其史」，讓我想起13年前偶閱外甥「認識臺灣－歷史篇」的課本，驚覺總有一天必將與兒孫輩們來一場「中國人、臺灣人」甚至統獨論辯，所以，現在自外於中國的「臺灣人」意識高漲，排除中共對臺政策的因素，臺灣這20年來的主政者都有輕重不同的責任，至於對或錯，有待歷史論定。

因為「五四運動」，5月4日曾經是中華民國的青年節，現在則是中華人民共和國的青年節。3月29日青年節在臺灣說來順口，也有親切感。但是前不久，立委趙麗雲認為當年329是農曆，陽曆是4月27日，因此提議修訂427為青年節。另有學運世代人士認為，發生於民國79年3月16日的「野百合運動」是該世代青年關心國是、啟動臺灣民主發展，主張將3月16日訂為青年節。凡此，各有主張，徒留爭議。

青年是家庭以至國家社會的希望，但求人性正面而積極的價值觀得以傳承，讓年輕人在他們的世代展現抱負和活力，綻放熱力與光輝，為自己和國家開創光明的前景，允為紀念青年節的意義所在。

論大陸學歷認證的本末先後

　　馬英九總統日前接見兩岸清華大學校友時表示,政府已經準備承認大陸學歷,並開放大陸學生來台就學,目前教育部正在作業中,最快明年實施。這是馬政府延續兩岸開放政策思維,首度明確宣示教育鬆綁時程,兩岸在教育領域的交流將向前更邁進一步,可以樂觀期待。唯就邇來媒體評論或社會上正反意見呈現之疑慮,值得主導這項政策鬆綁的教育部予以重視,尤應廣徵民意,化解歧見,尋求共識,審慎策訂符合國家利益的開放政策,不要流於為開放而開放,在沒有完整配套情形下急就章地上路,否則後果堪慮。

　　國內對大陸國小、國中及高中學歷早已有認證機制,目前所稱採認大陸學歷、開放大陸學生來台就學,指的是專科以上學校學歷,茲事體大,是國家重大政策。主張採認大陸學歷者認為,這個政策符合高等教育多元化、國際化的趨勢;同時,當世界主要國家採認大陸高校學歷認證範圍逐年擴大,我們這項政策是與國際接軌,更是展現本身自信以及提升教育競爭力的重要環節。另者,支持這項政策者也認為,要承認大陸學歷,首先應承認台灣學生的大陸學歷,這是維護他們受教權、工作權的重大措施,有助於人才回流。

　　對開放政策持反對立場者認為,中國大陸學校素質良莠不齊,貿然開放不但會產生排擠效應,損害台灣學生、考生權益,更將衝擊就業市場,尤其是醫師、律師、會計師等專業團體更是強烈反彈。這些反對聲浪以民進黨籍立委蔡同榮日前在報端投書表示「陸生搶飯

碗，威脅台灣安全」最具代表性，他認為這個政策將會衍生「教育敵人的子弟」、「台灣子弟讓出求學機會」、「台生大量到中國求學，接受洗腦、接受大中國主義與共產思想……，中國教育這些台生滲透台灣，比用武力攻打台灣更省錢、省事」、「形成台灣安全的癌細胞」等問題。這些疑慮固然有其論述基礎，但是細加檢視，實乃基於其視共產制度如洪水猛獸般的意識型態作祟，刻意鄙視中國大陸的心態使然，事實上，學歷認證與陸生來台並不等於來台就業，所以其論點前後矛盾，是偏於主觀的政治語言，缺乏說服力。

當大陸高等教育加速與國際接軌之際，兩岸高等教育交流是大勢所趨，採認大陸學歷與開放大陸學生來台就讀是必須面對的現實。有關這個問題，本報於新政府上台之後曾多次提出建言，殷望政府在政策未定之前，應就該項政策之核心問題，作整體性及多面向的政策思考，審慎評估，嚴謹決策。須知，凡事有其輕重緩急，政策推動應講求本末先後，因此，對於台生大陸學歷認證這個懸宕多年的老問題，我們一貫主張應該優先考量，以解決渠等返台繼續升學或工作之權益問題，唯其如此，才是符合憲法賦予國民受教權與工作權的核心價值。

政府制訂政策必然先採取保護措施，然後再求開放。採認大陸學歷與開放大陸學生來台就學既然是大勢所趨，但是正反意見分歧，建議教育部在政策形成之前，以公共論壇的方式，將政策構想方案提出說明，鼓勵廣泛討論，以集思廣益、凝聚共識，並依輕重緩急與本末先後之思維，從採認台生大陸學歷為起點，循序漸進，逐步推動採認大陸學歷、開放大陸學生來台就學之政策。

爭取開放大陸學生來金就讀試辦任務

　　新政府上台以來，兩岸關係發展基於「正視現實、開創未來；擱置爭議、追求雙贏」之思維，尋求雙方共同利益的平衡點，採取積極開放的大陸政策，向海峽對岸頻頻釋出善意。當此兩岸和解共榮的歷史新契機，大陸國家主席胡錦濤主張兩岸要「建立互信、擱置爭議、求同存異、共創雙贏」的觀點。雙方善意的展現始於七月份的周末包機與大陸觀光客來台，兩岸關係從此跨入一個嶄新的時代。金門在這個難得的歷史機遇中，儼然由以往軍事對抗的前線轉換為和平發展的第一線。

　　在兩岸關係以開放為主軸的政策導引下，雙方經由「國共論壇」建立之共識，透過海基、海協兩會協商管道，各領域之來往交流日趨暢旺。金門地區在行政院推動小三通正常化釋出政策利多及大陸方面日前宣布擴大兩岸觀光交流，開放大陸十三個省市居民均可利用小三通模式赴台等五項新措施，毫無疑問的這是為金門觀光旅遊業發展注入一股活水，令人雀躍。值此雙方關係正朝著良性與穩定發展之際，我們對於馬總統選前提出開放大陸學生到金門讀大學的主張仍然充滿期待。因此在教育部研議開放大陸學生來台方案未定之前，延續以往本報為爭取金門扮演兩岸教育、學術交流中心之論述基礎，對開放大陸學生來金就讀再提建言，盼能獲得重視，並付諸實行。

　　兩岸高等教育開放與交流乃大勢所趨，尤其是台灣許多大學招生不足的現象，為擴大學生來源，寄望於開放大陸學生來台就讀甚

般,大陸方面則採開放態度,惟在民進黨執政時期,囿於意識形態,不主張開放,其理由甚至引用日本開放招收大陸留學生「假留學、真打工」的前車之鑑,指出大陸學生如果逾期非法滯留,將造成社會問題,或以陸生來台將會稀釋高等教育資源,更將衝擊台灣青年的就業機會之虞等,這都是基於畫地自限的保護心態,為反對而反對的藉口,缺乏說服力。

馬英九當選總統就任前在成大發表演說時曾表示,上任後將開放大陸學生來台就學,藉以刺激台灣學生讀書風氣。新政府上台後,教育部長鄭瑞城雖然將開放大陸學生來台視為政府的既定政策,但是基於兩岸關係的複雜性,同時相關法令與準備工作必須跨部會的組織才能進行整合,因此態度趨於謹慎,認為開放之初要先以試辦方式進行,第一批陸生到台灣,可能也是三年以後的事。爰此,本報於新政府上台之初即以「讓金門成為兩岸教育交流試辦點」為論,籲請以金門為初期試辦點,開放國立金門技術學院招收大陸學生。

日前,李炷烽縣長於接待高雄樹德技術大學校長朱元祥來訪時再度表示,希望中央先從金門試辦招收大陸學生就讀做起,並建議中央將此建議列為兩岸兩會協商議題。縣政府並已向中央提案,建請核准國立金門技術學院試辦招收大陸學生來金就讀案。我們對李縣長及縣政府教育局的積極作為表示支持,並希望中央政府正視由金門擔負這個試辦任務的可行性。

鑑於開放大陸學生來台就學是馬總統競選時的政見,必須兌現承諾,陸生來台勢在必行,但在錯綜複雜的限制因素中,法令修訂曠日費時,貿然開放固然有其困難,但是,由於金門具有兩岸地理位置上的優勢條件,如以國立金門技術學院作為試辦單位,可以從試辦中發現窒礙因素,調整修訂配套措施,將有利於爾後兩岸高等教育交流之推動。

對大陸學歷採認的看法

　　新政府上台以後，有關開放大陸學生來台就讀及大陸學歷採認問題，刻由教育部廣為蒐集國內大專院校之意見，作為研擬執行方案之參考。緣於小三通地利之便，八年來金門學子赴大陸升學進修者為數不少，事關渠等權益，因此，在政策未定前，這個問題值得重視與探討。

　　大陸學歷採認是複雜且影響層面甚廣的問題。民國八十六年十月，當時教育部長吳京提出「大陸學歷採認與檢覈辦法」，因前總統李登輝不支持而擱淺。事隔十多年，新政府上台，大陸政策趨向開放，教育部長鄭瑞城對大陸學歷採認表示要「從嚴」出發，慢慢再開放，逐年擴大採認範圍。這些觀點的思維是合理的，但是缺乏整體性及多面向的政策思考，而未進入問題之核心。

　　就大陸學歷採認目的而言，採認大陸學歷關係到升學與就業運用及相關權益，因此，其對象理應區分大陸人士及我方人士(包括大陸配偶)兩部份。在大陸人士學歷採認方面，牽涉到日後來台升學或工作等嚴肅課題，影響層面既深且廣，茲事體大，當然要審慎評估、謹慎決策。至於我方人士赴大陸升學進修者，其學歷採認與大陸人士顯有不同，允宜列為優先考慮因素，並作為開放大陸學歷採認之首波對象，以維其權益。

　　我方人士赴大陸升學進修，初期以修習中醫藥學為眾；其次，為台商子女就近就學；再者為小三通開放以來，金門籍子弟及台灣個別

登陸進修者，總數應以萬計；這些人士由於學歷採認懸而未決，所以返台升學或謀職皆受限制，這是極為荒謬且不合情理的現象。因此，如今新政府推動大陸學歷採認，這些人士的權益應列為優先考量。

近年來，由於大陸經濟突飛猛進，他們在教育方面也挹注大量經費，其辦學水準與時俱進，學術水平逐年提升，世界主要國家採認大陸學歷之校系範圍因而擴大，我方不能昧於現實不予採認。但是，由於大陸早期的學制紊亂，辦學水準良窳難辨，學生程度落差亦大，並曾有販售假文憑之傳聞，是故，大陸學歷採認的公平性受到質疑。所以，就我方人士之大陸學歷認證，究竟採認幾所大學或那些校系？以及採認範圍是否包括初、高中，及其採認標準為何？甚或在台考專業證照、服公職、擔任教職等，都是亟待解決的問題。

關於大陸學歷採認範圍及標準訂定，依目前兩岸關係良性發展之氣氛，教育部可以透過海基會向大陸方面取得官方教育評鑑之相關資料作為參考。另者，近年來大陸普通高等學校聯合招收華僑港澳地區及台灣學生，其招生簡章即有明確訊息可資參酌，以二〇〇七年為例，大陸開放本科生(大學)第一批次一〇四所，第二批次學校六十九所，這一七三所大學都是經大陸官方評定具有優良水準的高校，所以，將之列為學士、碩士、博士學歷採認時參考運用，不失為信而有徵之依據。

綜言之，我們贊成教育部對大陸人士之大陸學歷採認，保持「初期從嚴，慢慢再開放」的審慎態度與作法。但是對於我方人士之大陸學歷採認，我們認為應該制定合理且週延之採認範圍與標準，並列為首波採認對象，盡快付諸實施；同時一旦採認，其在台升學、就業等權益應同受保障，不宜再予限制，以符大陸學歷採認之原意，殷望政府相關決策部門共同參考。

讓金門成為兩岸教育交流試辦點

　　馬英九於五二○就任中華民國第十二任總統，以「人民奮起，台灣新生」為題發表就職演說，在眾所矚目的兩岸關係部份，他呼應胡錦濤以「九二共識」為基礎和「建立互信」的喊話，盼望「海峽兩岸能抓住當前難得的歷史機遇，從今天開始，共同開啟和平共榮的歷史新頁。」因此，從馬總統就職演說以及中共國台辦日昨記者會善意回應來看，雙方關係正朝著良性與穩定的方向發展，兩岸和平共榮的前景，值得樂觀期待。

　　馬總統去(九十六)年六月以總統參選人身分抵金拜票時曾表示，他期盼金門在海峽兩岸關係中，扮演中介橋樑與平台的角色。同時，針對兩岸教育交流問題，提出開放大陸學生到金門就讀大學的主張，希望藉此讓金門成為台灣和大陸兩岸三地年輕人交流的平台。這樣的構想一旦付諸實施，將使金門學術水準提升，帶動地方經濟繁榮。馬總統就職前亦曾多次在公共場合提到開放大陸學生來台升學及大陸學籍認證的看法。

　　新上任的教育部長鄭瑞城日前指出，開放招收大陸學生，步調宜謹慎，他已請公立、私立及技專三個校院協會草擬招收大陸學生的辦法，經各界討論再予試辦；至於採證大陸學歷也應開始研議，漸進開放。因此，我們認為要兌現馬總統這項政策主張，教育部鄭部長提出「試辦」的構想，允宜將金門列為試辦點之首選，惟其牽涉層面既深且廣，謹舉其重要準備事項，建請有關政府部門及教育從業人員參考。

第一、政策的推動有賴中央政府相關部會的配合。因此，建議行政院成立跨部會的「兩岸教育交流推動小組」，據以推動，先完成法令配套，採實驗、試辦方式，初期以金門為試辦點，開放國立金門技術學院招收大陸學生。

　　第二、建立兩岸教育交流協調機制。海基、海協兩會可建立溝通管道與協調機制，就雙方教育制度、教育學程、學習(專業)領域、學歷認證等教育交流相關事宜，周密協調，並就開放大陸學生來金門就學的部份，先達成共識，俾能於政策放行時立即實施。

　　第三、充實條件與能力，完成迎接大陸學生來金門就學的準備工作。就金門技術學院爭取升格為大學一案，應配合此一構想，促其早日實現，並強化軟硬體教學環境，提升學術水準，讓「金門大學」成為大陸學生來金門升學的首選。此外，宜爭取國立台灣師範大學僑生先修部(原僑大先修班)來金門設分班，作為大陸學生來金門升學銜接教育的選項。

　　第四、從單向招生邁向雙向招生。在陸生來金門升學的初期目標達成後，金門更可成為台生至大陸升學的中轉站。以大陸高校(大學)對華僑、港澳地區及台灣省招生為例，其現行報名、考試地點，計有北京、上海、廣州、福州、廈門、香港、澳門等處，對台生報考至為不便且費時耗錢。因此，可以向大陸方面爭取，將金門列為此項招生的報名及考試地點之一，如此，更能彰顯金門做為兩岸教育交流試辦點的功能性地位。

　　總之，金門成為兩岸教育交流試辦點的議題，從構想、計畫、執行等幾個層面，其牽涉因素錯綜複雜，不能一一列舉，前述數端，盼能拋磚引玉，集思廣益，期待政策早日放行，當這個「試辦點」順利上路，將為下一階段推動金門成為兩岸教育交流中心的目標奠定良好的基礎。

再為爭取開放大陸學生來金就讀進言

　　教育部部長鄭瑞城日前在立法院教育及文化委員會就「開放陸生來台就讀及大陸學歷採認」專題報告時指出，開放陸生來台以「三限」、「六不」以及「階段性、漸進開放、完整配套」原則，審慎、漸進開放；並表示陸生來台議題涉及「大學法」、「兩岸人民關係條例」，必須立法院通過修法，教育部再研議配套措施。這個消息公佈以後，引起學界廣泛討論，正反意見俱陳。

　　開放大陸學生來台就讀與採認大陸學歷是政府現階段的既定政策；同時也是突破封閉、保護思維，展現自信、勇於面對競爭，符合世界潮流的重要決策。教育部鄭部長提出的「三限」原則為：「限校」，初步僅採認大陸數十所一流大學學歷；「限量」，總量管制陸生來台人數，一年約一千人，並分配各校招收人數；「限領域」，初步對國安、醫療等專業不予開放。至於「六不」原則為：陸生來台考試不加分；以外加名額招收陸生，不影響本地學生權益；不編列陸生獎學金；不允許陸生校外打工；不可考證照；不可續留台灣就業和從事公職。整體來看，堪稱符合現實需要的規劃措施，但是仍然受到反對人士的質疑。

　　教育部這次所提的「三限、六不」原則，是針對陸生來台的政策宣示，國內多數大學校長表示認同，但有部份人士認為一旦開放，就難以回頭，所以應該採取漸進式，初期從試辦開始，再逐步開放，以免造成太大衝擊。前此，鄭瑞城部長對開放陸生來台議題，曾多次表

示，開放之初要先以試辦方式進行。劉兆玄院長於東吳大學校長任內，在今年三月下旬接受媒體專訪時，對此議題亦曾表示「開放是必要的，但不要那麼快…許多事須一面試，一面調整。」上述觀點，說明開放陸生來台與學歷採認問題之複雜性與困難度。所以為了落實這項政策，採試辦再逐步開放，不啻是讓開放政策保持彈性的持平之論與最佳選擇。

我們支持試辦開放陸生來台的主張，建議教育部審慎評估其可行性，初期以評選不同學習領域之院校、系所為試辦單位，並將金門技術學院列為第一批試辦點之一，謹舉其有利條件供決策部門參考。

首先，金門當年依照行政院「離島建設條例第十八條」訂定「試辦金門、馬祖與大陸地區通航實施辦法」，實施試辦小三通所累積之經驗，為這次海基會與海協會「江陳會談」開啟大三通提供決策參據，有目共睹。因此，與其修訂「大學法」、「兩岸人民關係條例」之曠日廢時，不如援引試辦小三通模式，在現行「離島建設條例」增訂「試辦金門招收大陸學生實施辦法」，較為務實可行。

其次，由於金門特殊的地理條件，在兩岸各項交流中已奠定中介橋樑與平台的角色地位。因此，應當充分利用國立金門技術學院的教學資源，委以試辦招收大陸學生的任務，初期可以從招收陸生開始，再逐步推展交換學生、教師交流（互聘、交換）、研究計畫合作，至盼以這個試辦模式的成果，作為調整開放陸生來台政策的依據，進而拓展有利於兩岸共同關注的經濟、金融、觀光旅遊等各領域之學術論壇與實務交流，促進雙方區域交流與合作。

最後，殷切期盼中央政策放行，賦予國立金門技術學院試辦招收陸生的「階段性任務」，以作為爾後「漸進開放、完整配套」的政策參考。

審慎看待大陸招收台生優惠政策

　　日前在湖南長沙舉辦的「兩岸經貿文化論壇」，中共教育部副部長袁貴仁公開宣布，大陸承認台灣的學科能力測驗成績，將參照這項成績制訂大陸大學錄取標準，台灣學生可以憑學測成績，直接申請到大陸大學就讀，最快今年八月就可以實施。這項對台生的優惠政策，無疑在台灣教育界投下一顆震撼彈，我教育主管當局必須嚴肅以對，應當未雨綢繆，否則後果堪慮。

　　目前台灣學生到大陸就讀大學有三個途徑，一是直接參加大陸大學的高考（聯考），難度較高；二是參加每年「聯合招收華僑港澳地區及台灣省學生」考試；三是大陸已開放部份重點大學如廈門大學、福建師範大學等可以單獨對台招生，所以台生赴陸升學管道甚為暢通，但是由於我方教育部對採認大陸學歷懸而未決，是以在大陸就讀大學的台生，以台商子女為大宗，少部份則是慕名校而前往者，另者，金門由於地利之便，近年來至大陸（以廈門大學為主）就讀大學本科或攻讀碩、博士者有逐年增加之勢。

　　中共為廣收台生，不斷釋出優惠措施，除了加分並給予較內地學生寬鬆的條件，尤自二○○六年九月起在學費方面採取與內地學生相同的收費標準，以廈門大學為例，一般文科的本科（大學）生，一學年學費約合台幣二五○○○至三○○○○元，台灣公立大學文組科系每學年學費約在五至六萬之間，私立大學更是沒得比，就學費一端，相差甚大。再者，大陸大學院校一千餘所，今年開放招收台生的

大學，第一、二批學校計有一九七所，這些都是大陸官方評鑑具有良好辦學水平的高校，特別是第一批的一一九所大學，大多是名列大陸「二二一工程」和「九八五工程」重點支持的學府，其中部份大學更專門對台生設有獎學金可供申請。此外，中共以福建省為試點，推出台生在福建就業可享與陸生同等待遇，凡此，對台灣學子都有相當的吸引力。

　　中共對台工作充滿自信，手段更加靈活。這次推出招收台生新方案，實是有備而來，再為台生增加一個升學管道和新的選擇，積極向台生招手，所以台生等於參加一次考試，就有機會選擇兩岸的大學就讀。此舉除了讓台生赴陸升學更加方便，具有拉攏台生之目的，同時有催促我方採認大陸學歷及開放陸生的深層意涵，面對大陸先聲奪人之勢，我們只有被動因應的份，氣勢上已略遜一籌。因此，教育部如果仍然還在採認大陸學歷溯不溯及既往、大陸學歷證件真偽，以及「三不六限」等枝枝節節的問題上打轉，又要瞻顧少部份人士將中共此舉視為統戰，凡事皆以負面思維反對到底，閉關自守的消極因應，只好任由台灣人才單向往大陸出走，陷台灣於不利之境。

　　教育與人才是國家競爭力的根本。面對兩岸學術交流的新形勢，呼籲行政與立法部門應該洞察採認大陸學歷與開放陸生是我國教育與國際接軌的一環，必須把握積極開放的大方向與歷史契機，盡快通過相關法案，早日實現採認大陸學歷及開放陸生來台就讀政策。同時，教育部尤應評估中共這個新方案帶來之衝擊，善用我方優勢，審慎擬妥因應對策，為台灣厚植人才，提升競爭力，以期在兩岸學術交流與教育互動中扮演積極而正面的角色。

採認大陸學歷要有大格局

　　教育部長鄭瑞城日前到立法院教育及文化委員會專題報告「開放陸生來台就學及大陸學歷採認政策規劃情形及對國內學生的影響評估」，由於民進黨籍立委強力杯葛，甚至演出反鎖立法院會議室抵制議事的鬧劇，成為輿論關注焦點。更由於這些立委脫序的抗爭行為，壓縮了這個議題進行理性論辯的空間，殊為遺憾！而審議法案的民主殿堂沉淪至此，實乃立法院之恥。

　　開放陸生來台與大陸學歷採認是馬總統主要教育政見之一，馬總統也在不同場合表示今年可以付諸實施，惟因朝野共識不足，政策遲遲無法落實。這個問題懸宕未決，在野黨杯葛固然難辭其咎，但是教育部官員對事情本質與目的認知上的差異，不無關係。就本質言，大陸學歷認證與開放陸生來台是兩碼子事，教育部將兩回事綁在一起、混為一談，就是一種錯誤；就目的言，兩者目的不盡相同，也無必然之關聯性，不可以陷入為開放陸生來台才做學歷認證的迷思，因此，如果不能釐清採認大陸學歷的本質和目的，可能會陷入瞻前顧後與政策矛盾的困境。

　　政策決定必需有大格局，同時應把握前瞻性與彈性。就大陸學歷認證來說，政策面應該思考的是要或不要採認的核心問題，但是從教育部官員釋出的訊息，卻是認證哪幾所學校、學歷證件真偽，以及溯不溯及既往等枝枝節節、事務性層面的問題，反而把單純的問題複雜化，自陷於決策矛盾的困境。以大陸學歷認證機制為例，教育

部規劃透過「中國高等教育訊息網」來查證學歷證書，被質疑難防假學歷流竄的可能；實則，大陸歷年來招收華僑港澳地區及臺灣學生，係透過其教育部所屬「高校招生辦公室」，以聯招方式進行，其學制、學籍管理與畢業頒證程序均已制度化，依目前雙方海基、海協兩會協商機制，只要中共方面願意配合，查驗大陸學歷不但快、易、通，且資料一定正確無誤。

再就臺生赴大陸就學的學歷認證時間問題，教育部傾向於辦法公布後入學者才採認，亦即不溯及既往，但是為方便招收陸生，則無此限制，引起「臺灣留學大陸青年學生發展協會」極大不滿，認為這是公然歧視自己國民、本末倒置的做法，忽視渠等返臺升學權與工作權，缺乏公平性。另者，根據中共官方統計顯示，自一九八五年至二〇〇七年，在大陸高校以上就讀具正式學籍臺生計一四九〇人，不論這些赴大陸升學者是臺商子女、個別就學，或因地利與小三通之便負笈大陸的金門學子，都各有其不同的背景因素，他們都是中華民國國民，政府可以承認陸生學歷，卻不採認政策開放前臺生赴大陸就學者的學歷，這樣重陸生、輕臺生，一個辦法、兩套標準，除非教育部有合乎情理的立論基礎，否則，難脫為德不卒之評。

大陸學歷採認與陸生來臺政策，無庸置疑是一項具有歷史性與高度政治意涵的政策，我們支持教育部循序漸進、妥善規劃的審慎態度與作法。但是，由於大陸學歷採認與陸生來臺政策，二者之本質與目的不盡相同，自應分別看待，不能混為一談，或囿於枝節問題，自陷於政策矛盾的困境；尤其政策決定要具備國家層次的大格局，不宜拘泥於小節，所以，對於大陸學歷認證對象，不論臺生與陸生，都應該用同等標準來對待，以符公平原則。

採認大陸學歷應講求公平合理原則

關於教育部採認大陸學歷議題，餘波盪漾。數十位在北京各大學的台生，日前公開呼籲馬政府採認大陸學歷，並應溯及既往；留學大陸的「台生會」幹部並表示，如果政府採認大陸學歷最終是不溯及既往，將走上街頭表達嚴重抗議。另一方面，由於少數既得利益團體的反對及在野人士反中意識形態作祟，強力杯葛，讓這個議題流於意氣之爭，非但無助於政策推動，反而治絲益棼。

採認大陸學歷本質上是希望藉由學歷認證及開放陸生來台，增加兩岸學生相互切磋與競爭的機會，有助提升學術水準，進而達到提升台灣競爭力目的，是以，應該思考的核心問題在於政策鬆綁是否對我國有利。可惜的是，受制於少數既得利益者或反對黨的非理性杯葛，影響決策品質，例如，醫事團體反對承認大陸醫學相關科系的學歷，著眼於維護其既得利益，教育部竟然附和，表示未來凡是「廣義的醫學學歷」都不採認，根本無視於大陸中醫教育與醫療水準進步的事實，這種故步自封且過於保護特定業者的思維與做法，迫使學醫有成的台生失去返國服務的機會，無助於台灣中醫水準的提升。

學歷認證的另一爭議，是教育部對大陸台生學歷不溯既往的政策傾向。或許，主管官員在主觀意識上，認為目前到大陸取得學歷或正在大陸就學的台生，是屬於「偷跑」行為，予以「妖魔化」，不溯既往是一種懲罰性措施。但是，這樣的思維極其荒謬，是將這些台生置於對立面、不友善又具有歧視性的對待方式。事實上，台生不論基於

什麼背景因素去大陸就讀，只要學有所成就是國家的人才，是最需要政府給予關懷和協助的對象，若不以公平的方式對待，形同築高牆阻絕渠等返國工作或繼續升學的機會。另者，假設一個情況，如果政府今年開放採認大陸學歷，那麼同樣在北京大學讀書的台生，新生與舊生學歷認證標準不同，顯然不符公平合理原則。

反觀大陸方面，由於兩岸交流日益熱絡，中共為擴大招收台生，陸續推出優惠措施，如中共福建省教育廳日前公佈，台生在福建參加高考（大學入學考試），可享受加二十分的照顧，並擇優錄取；此外，廈門大學今年對台單獨招生專業將大幅增加，從去年的三個系增加到今年的二十一個系，計劃招收一三四名。尤有進者，中共「大陸高校畢業台生內地就業政策」在福建試點以來，日前再推出台生到福建就業新方案，今後凡在大陸高校（大學）畢業之台生在福建就業，可享受與大陸同類畢業生同等待遇及就業服務機構提供的服務，這項政策有利於進一步拓寬兩岸人才交流，有利於拓展台灣專業人才在大陸的職業發展空間，提供台灣及金門學子一個新選項。

中共一再推出優惠政策，加大力度招收台生、吸引台灣人才，這些政策格局夠大且具前瞻性，是充滿自信的「拆牆」思維。台灣方面僅在採認大陸學歷一事，就困於枝枝節節問題，瞻前顧後，對台生大陸學歷不溯及既往的思維，猶如「築牆」排拒自己國民，等於把人才往外推，兩相比較，氣度與格局高下立見。所以，就採認大陸學歷政策言，教育部官員應該心清慮明，釐清觀念，洞察「拆牆」與「築牆」的道理，從政策的公平性與合理性思考，自然會做出合於人性、合乎情理的決策。

正視「大陸地區學歷採認辦法」的公平性問題

　　「陸生三法」通過立法後，教育部據以修訂「大陸地區學歷檢覈及採認辦法」，並於日前在行政院公報中心預告該辦法草案，按照教育部版本，將來在執行上對於已經取得大陸學歷或現在負笈大陸台生回台灣的工作權、升學權都會造成極大的損害，他們受到的敵視與歧視性待遇，將淪為比陸生還不如的窘境，政府高層可以坐視這種毫無章法的荒謬情況和偏差現象發生嗎？

　　教育部對大陸學歷認證準備採取不溯及既往，視這項政策啟動前赴大陸就學者為「偷跑」，除了限縮其返台工作權（例如不能取得高中以下教師資格）外，限校並排除中醫學系等類學歷，且合於條件者，學士學歷須再經甄試通過，才發給同等學歷證明，碩博士則以審查論文認證，將造成台生因為赴大陸就學時間的先後而在認證程序上有極大的差異，更與陸生來台就學產生差別待遇，試以碩士研究生招生為例，陸生可以來台逕行報考，大陸台生返台卻要先經過學歷甄試，台生要享有與陸生同等待遇，必須是政策啟動後赴陸就學者，也就是說，最快要四年以後，這種一個辦法三套標準的學歷認證方式不但不合理，而且是公然歧視自己國民的「懲罰性」措施。因此，教育部如果堅持「不溯及既往」，則陸生與台生應一體適用，陸生來台應該與取得大陸學歷的台生同樣經過甄試，才符合公平性。

　　政府制定政策要有大格局，採認學歷應該有一致性的標準，尤其對自己子民更應有寬闊的胸襟，不應該有歧視的待遇。再說，依照

兩岸文化交流的現況，政府絕對有能力建立嚴謹的學歷查驗及查證機制，以大學部來說，可以採取登記審查制與甄試制兩種方式進行，首先，大陸對海外華僑及台、港、澳招生，係透過其教育部所屬的考試院（高校招生辦公室）辦理聯合招生，這是正式入學管道。因此，只要是透過此一管道入學就讀，取得畢業及學歷證書者，備齊相關文件向我方教育部門提出申請認證，經查驗、查證無誤後，應即予承認，便捷又有效率。另者，非經這個入學管道在大陸取得學歷的台生，則按照教育部規劃的甄試方式辦理認證，應該是比較單純、合理的安排。

　　政府未曾禁止台生赴大陸升學，何來「偷跑」之說？上位者尤應以同理心來看待台生，設想他們拿著一張世界各國都普受承認的學歷證書，回台灣卻要突破層層關卡才能被認可，情何以堪？所以，在「大陸地區學歷檢覈及採認辦法」未定案前，政府高層對於採認大陸台生學歷的政策導向，究竟是要維護他們返台工作或繼續升學的基本權利？或是處處設限，阻撓他們的返鄉之路？允宜從大陸學歷認證政策制定的目的和本質，以及維護政策的公平性和合理性來思考；再從照顧本國子民的角度來說，教育部公告的辦法草案顯然不符公平原則，應該速謀補救措施，讓他們受到合理的對待。

理性看待「教科書不當用詞檢核報告」

　　教育部委託「台灣歷史學會」針對國小、國中、高中各版本教科書，完成「教科書不當用詞檢核報告」，列出五千多個「不適合用詞」，發文給國立編譯館函轉各教科書出版社「參考運用」。這個議題連日來鬧得沸沸揚揚、爭議不斷，儼然陷入一場統獨大論戰。政客們惡鬥，犧牲的是萬千的學子，是教育界的不幸，亦非國家之福。

　　針對質疑者認為這個報告有去「中國化」之嫌，杜正勝部長回應說明，這些修改的詞句都是針對台灣社會變化，使教科書在表達上較接近現況，不應讓過去的觀念或教條來扭曲現在的實際情形。但是，檢視該報告之內容，可發現其政治意識形態的鑿痕頗深，產生對台灣社會再一次的分化與對立的作用。難怪連台聯立院總召曾燦燈都說：「台灣已被政治對立搞得兩極化，教育更不應製造對立。」

　　民進黨政府自杜正勝掌理教育部以來，鬧出來的糗事和爭議已「罄竹難書」，不愧是民進黨台獨思想鐵衛隊，但是，教育工作是國家百年大計，決不能荒誕不經的隨性而為。這次「教科書不當用詞檢核報告」的爭議，在藍綠陣營政治人物及媒體推波助瀾下，大多是以統獨立場，從本土化或去中國化的觀點予以分析或評論，欠缺理性的思辨，也未能探究問題的核心，今以法、理、情三個層次剖析，提請主政者及公務執行之參考。

　　從法的層次言，我們國家的名稱是中華民國，遵循中華民國憲法是公部門的義務與責任。這份「教科書不當用詞檢核報告」，有將歷

史人物或事件中的中華民國紀元，修改為台灣日據時代的「昭和」紀元及「日治時期」，非但充滿「大日本」思想，更有為日本殖民統治時期一些出賣台灣人的「三腳仔」與「皇民」脫罪，扭曲歷史事實的疑慮。這種假台灣意識、本土政權之名，行偷樑換柱的小動作，就有違憲之虞，也有適法性的問題。

其次，依理而言，教育部委託「台灣歷史研究學會」提出來的「教科書不當用詞檢核報告」，夠不夠專業？而且在短短半年的時間就能完成國小至高中教科書的全面審查，這種作法是否過於草率，同時，這個受委託的學術單位是否具有特定的政治立場，以及先有結論再找答案，在在都讓人起疑。另者，教育部於報告出來後是否經過嚴謹的審查？作業程序如何？都應給社會大眾一個合理的說明。

平情而論，民進黨基於其政黨利益及延續執政權的目的，必須要用「敵我鬥爭」的思維，打「一邊一國」的牌，這是可以理解的。但是，總在敏感時刻炒作「國家認同」議題，除了再度突顯中華民國在民進黨執政下的荒謬性，更讓社會的對立與仇恨更加嚴重，這是極不道德的政治行為，也難怪反對陣營會全力反擊，準備聯合泛藍執政縣市，自編教科書，予以抵制。

這個問題的爭執一時間還會吵鬧不休。教育部杜部長應該捫心自問，這樣一個研究報告，從委託研究、報告出爐，到函請出版社參考，整個過程是否流於草率？政策是否粗糙？行事是否粗暴？教育部官員在引經據典指稱地方政府沒有編定教科書權限的同時，是否也應該檢視一下，教育部本身在這件事上面，有否依據「中華民國憲法」的規範。我們認為，唯有合憲、合法、合理、合情的執行公務，才會減少爭議。

文化遺產是金門最大的資產

　　報載，行政院文建會彙整出台灣世界遺產潛力點共計十二處，點名金門是這十二處潛力點之一。這項工作早在九十一年度即列入文建會彙整提報，計畫推薦向聯合國申報世界遺產登錄項目。近年來，金門縣文化局委託學術研究單位，對縣轄具有歷史文化資產價值者進行勘查研究，初步界定，將以傳統民居聚落村文化遺產和近代戰爭紀念物文化遺產兩項標的做為金門將來申請登錄世界遺產先期作業之範圍。祝願這項工作順利推動，讓這項文化遺產早日登錄成功。

　　傳統民居聚落作為代表我國申請登錄聯合國世界遺產，應屬當之無愧。質言之，金門傳統民居是閩南式建築之翹楚，展現金門自晉朝末年以來自中原移民墾殖時期迄今，先民開天闢地，胼手胝足，開發這片土地的歷史軌跡；傳統閩南樣式的民居建築特色，充分表現純正先民文化內涵。但是，傳統聚落能否完整保存與保留，關係著文化遺產的傳承與申請登錄世界文化遺產的成功與否。因此，我們憂心這些文化遺產，在不知不覺中遭受無心的破壞或無知的損毀，造成無可彌補的缺憾！

　　回顧金門在戰地政務解除初期，金門都市計畫仍未實施之時，民間拆除傳統建築，大興土木，讓部份傳統聚落的完整性遭到破壞；開放觀光，曾有台灣生意人，以藝術工作者或文史工作者自居，到金門民居尋覓閩南建築的器物，在我們本地人看不起眼的任何一項古老的文物，可能一磚一瓦都是寶貝，生意人當時花三、五百元購得一

幅雕花木窗，回到台灣，找木工以砂紙磨平表面，塗防蛀料，上原色亮光漆，動輒以數萬元售出；千元購得一張太師椅，略作整理，價值數十萬不等，文物浩劫，莫此為甚，令人扼腕與痛心！幸有金門縣政府大力推動文化資產保存與復育工作，凡依原有閩南建築樣式整建者，均給予大額之獎助，喚起民眾對保存傳統閩南式建築的重視。同時，金門國家公園管理處投入的心血亦令人讚佩！

　　廈門理工學院一位曾遊歷海內外各地名勝的女職員，對金門亦情有獨鍾。她於去年隨團循小三通來金遊覽，對金門空氣清新、自然景觀之美讚不絕口，認為金門一草一木都讓她留連忘返；而濃郁的人情味讓她更深刻領會樸實的金門；尤其是金門最具特色的傳統閩南式建築更讓她驚艷。金門的人文景緻經過她娓娓道來，簡直如人間仙境一般。她認為金門不要與廈門比樓高、比路寬，她希望金門能永遠保持這種渾然天成的原始風貌與特色，以此行銷更能吸引觀光客源。

　　金門傳統聚落是閩南族民海洋文化孕育的重要場域，具有非常豐富的文化內涵，燕尾式及馬背式建築代表金門子民的傳統建築特色，散居各聚落的洋樓(番仔樓)亦是金門可貴的文化遺產與核心觀光資源。前述例子顯示文物保存與維護的重要性，體認到傳統文物不僅是金門的資產，更是全人類最珍貴的遺產。值此金門傳統聚落村申請登錄世界遺產籌備期，我們呼籲政府與民間有識之士，應該通力合作，做好金門傳統聚落的維護與保全，進而積極的整備與推動這項申請登錄工作，以期有成，讓金門文化遺產得以傳遞下去，並為金門的觀光產業打開一條可長可久的活路。

正體漢字是中華文化的瑰寶

　　馬總統日前接見「駐美中華總會館暨北加州中華會館負責人回國訪問團」時，提出「識正書簡」的論述，希望將來兩岸在文字運用上也能達成一個協議。此話一出立即引發部份華語教學學者的憂慮，在野人士更是藉題發揮，大加撻伐，認為這等於自我踐踏文化國格，向中共輸誠、交心的賣台行為，嚴重傷害了台灣主權；台聯黨主席黃昆輝更批評這是服膺中共「經濟文化統一為先，政治統一後行」的政策，配合中共搞「台灣文革」。馬總統「識正書簡」的看法可受公評，但這段話卻讓那些凡事講本土的在野黨人士個個成了中華文化的捍衛者，真是始料未及。

　　在華人世界裡，中國文字有繁體、簡體之分。馬總統長久以來是正體漢字的推廣者，他在台北市長任內首創「漢字文化節」，極力提倡正體漢字，曾於台灣微軟公司演講時，呼籲將視窗「繁體字」改為「正體字」，並主張可將正體字列為聯合國世界遺產的一種，可見馬總統是將繁體字視為中華文化之正統。這次提出「識正書簡」的概念，引發各界討論，為釋群疑，乃透過總統府發言系統詮釋，「識正書簡」是針對大陸十三億簡體字使用者的建議，目的是希望大陸民眾逐漸認識代表中華文化特色的正體字，而台灣沒有提倡「識正書簡」的必要。所以，部份媒體或在野人士誤解馬總統的說法，總統府鄭重否認與澄清。

　　我們習稱的簡體字，中共稱之為簡化字，根據相關檔案顯示，中

共於一九五六年通過「漢字簡化方案」，共簡化一千多個漢字；目前大陸通用的簡化字，係一九八六年十月重新公布的「簡化字總表」，共收錄二二三五個簡化字。由於有些簡化字破壞了漢字的原形，而易產生混淆，例如：幹、乾、榦、干等字都簡化為「干」，那麼「乾隆皇帝」便成「干隆皇帝」；再如李白的樂府詩「長干行」，到底是那個「干」，沒有一點文學底子的人，看了一定會「霧煞煞」。現在大陸一些從事古代文學或漢字教學的學者，也因為古籍以簡化字印刷，致生辨識和詮釋的困擾，傷透腦筋。所以，今年三月中共全國政協會議時，潘慶村、宋祖英等二十一位委員提出恢復繁體字的建議，理由是簡化字太粗糙，違背漢字的藝術性與科學性，曾引起爭論。

中國文字之美，是凝聚了五千年歷史文明的精華，從字形、字音、字義到由此組成的字彙、成語、典故，都包含著優美的文化內涵，是中華傳統文化的瑰寶。目前大陸、台灣、香港、澳門四地，大陸地區使用簡化字，台、港、澳地區使用正體字，雖然大陸人口比我們多，但就文化傳承的角度言，台灣在正體字的保留與使用，是對中華文化遺產保護最好的地區。馬總統「識正書簡」的建議，是希望大陸民眾與外國人學習中文時，要看得懂正體字，這是他推廣正體漢字的一貫訴求，也代表台灣在中華文化領域中的獨特地位與主體角色，在野人士實在不必無限上綱到賣台或傷害台灣主權的政治口水戰。

胡錦濤去年底發表「胡六點」講話，曾提到兩岸共同弘揚中華文化，加強精神紐帶，特別強調中華文化在台灣根深葉茂，台灣文化豐富了中華文化內涵。因此，我們認為大陸方面若能將正體漢字視為中華傳統文化的紐帶，在「識正書簡」上建立共識，為維護並發揚中華固有文化共同努力，必能促進兩岸關係的和諧發展。

觀察省思篇

翻轉中的金門

一個社會或一個群體，

總有一個約定成俗的衡量標準，

這個標準就是社會主流價值的那一把尺。

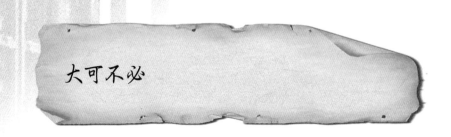

大可不必

　　軍職退休之後，偶爾會與昔日長官、僚屬餐敘聯誼，經常在酒過三巡、氣氛熱絡之際，總會有些「好漢」提起「當年勇」，或者談些軍旅生涯中的特殊機遇與趣事；部分目前仍分居國軍各階層要職者，大都嘆息連連的說，當年看別人在此職務時，手下強將如雲，工作起來談笑用兵、游刃有餘，認為現在的後期老弟文不能文（參謀作業欠佳）、武不能武（本職學能不足），大有一代不如一代之慨！ 我說，並非一代不如一代，而是一代不同一代，當年我們這批只能用手寫再由文書打字的舊人類，與現代e世代的軍人，就電腦在公文作業上的運用，有著明顯的不同，作業水準當然會有差異。此刻不免又勾起一些以往在軍中的趣事。

　　民國七〇年代以前一些中高層軍官，學識淵博者鳳毛麟角，只要忠誠勤敏、苦幹實幹，即使學能資歷不足的粗線條人物，機運好者靠老長官提攜，仍有摘星之望。這些長官雖然貌似粗獷，但在心細處亦令人折服，六十六年間，我在台南官田師部任參謀職，有次因「三民主義講習班鐵路運輸計畫」十萬火急，就寢熄燈號（廿二時）後，持卷宗親呈，幾位長官同在貴賓室小酌、看電視，乃硬著頭皮告進，主任在審稿欄簽了字後遞給副師長，這位東北漢說：「小伙子你膽子不小，此時來呈文（掃他們的興），能酒否？」回曰「一點點」，三杯高粱下肚（約半瓶）面不改色，他說：「不錯，能喝酒定能辦事」，當場大筆一揮批可畫押。事隔月餘，陪其督訓，詢及為何那晚案子看都沒看就批

了？他說：「我批可，只是形式上的程序，案子若有問題，諒你也不敢在那個時候送來。」感覺上，這就是信任，也是帶人帶心之道。

在新兵訓練單位服務時，某次，陸軍總部要來教育訓練督考，我承辦的教材修編是必檢項目之一，也是火燒屁股，持呈給主任批核，他對內容只翻了一頁就批下「一、可。二、比以前有進步。」督考順利過關。事後私下詢及，他說：「你辦事，我放心（當年中共毛澤東對華國鋒語），所以不用看了。」這位長官的高明之處，就是這個「比以前有進步」的批示，試想，如果你是當事人，下一次，任何案子是否會更加盡心盡力去辦理？所以，這真是不花錢又有高效果的激勵術。

在軍中，最怕遇到要求高標，謹小慎微，優柔寡斷，但又「龜毛」的長官，我在國防部總政戰部服務期間，那一年（一九八九），大陸發生「天安門事件」，必須盡快以最高層次的「政治指示」，頒發三軍各級部隊加強宣教。通宵趕稿，又經名筆潤飾，自認四平八穩，呈到某主管處，字斟句酌的修修改改，上上下下好幾回，最後還為了大陸這股民主風潮將「趁勢而起」、「趁時而起」、「乘勢而起」或「乘時而起」琢磨了老半天，足足折騰了三天才定稿。其實，宣教性的文件，內容宜簡明扼要、切中主題，讓官兵聽了就懂，時效與實效才是重點，不必拘泥於文句的雕琢。

軍中長官批公文沒有成規，一般常見的，對簽稿批示「如擬」、「可」、「發」、「行」；請假單則批予「准」或「可」，然後加上批核者的職銜章或簽名。亦曾見識過五花八門的批示方式，例如：批個「可」字但不簽名或蓋章，讓下屬無所適從，其實真正用意是可以按批示去辦，但他不負責；也有批可後不簽名，再將「可」字劃個箭頭指向審稿人蓋章處，意即該件文稿審稿人批示即可，以此暗指審稿人推諉責任。另有以批個「閱」字或「悉」字的文件，顯然是案子具有爭議，一個「閱」字表示「看過了」；「悉」字則表示「知道了」，最典型的例子，

就是拉法葉艦採購案，李登輝的批示，到現在官司還沒告一段落呢！

　　再者，早期軍中有些長官不喜歡屬下休假，又不講明，曾有這樣一位當長官的批示請假單，批個大「可」字，休假人才抵家門就接獲「部隊有事請速返營」的通知；如果他批的是個小「可」字，則必能休滿假期，而且屢試不爽，屬下因此給了他一個「大可不必」的封號，至於大「可」、小「可」文字大小比例如何界定，答案就在這位「大可不必」的長官心中，還真讓人費猜疑。所以，像前述那個「趁勢」、「趁時」、「乘勢」、「乘時」的字斟句酌者，那個較為精確？以及將「可」字大小來決定「上意」者，真是「大可不必」也！

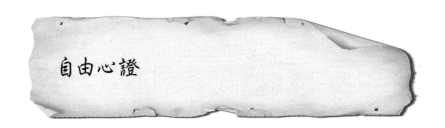

自由心證

　　現在的台灣政壇，只講立場，沒有是非。只要跟政治沾上邊或是政治人物大大小小的事，都逃不過這個鐵律。最可悲的是連司法也淪陷了，當法官判決「選舉無效」或「當選無效」，就質疑法官的身世背景和政治傾向；當檢查官以「施用詐術，盜取公帑」起訴某人，就認為他對某人充滿敵意，故意羅織罪名入人於罪。因此，同一種犯行、不同的被告，碰到不同的法官，審判結果可能出現極大的差異，有罪或無罪的認定，輕縱或重判，有時就在法官自由心證的一念之間。

　　擁有權力的政客對司法的踐踏、羞辱，以及搬弄是非、顛倒黑白，在民進黨執政下發揮得最為淋漓盡致，政權在手的人批評司法檢調人員會介入選舉，非但侮辱司法也侮辱了自己。特別費案因馬英九涉入，變成一個政治性很高的案子，一審判決出爐，無罪者說司法還其清白，另一邊就喊說司法已死，要為司法送終，社會期待司法對這個歷史共業問題要有統一見解，否則南轅北轍的漫無標準，怎麼判藍綠雙方都會吵得永無寧日。抹紅、抹黑、抹貪，不把馬英九打趴到地上求饒，民進黨絕不會鬆手。

　　人們期望司法是正義的最後一道防線，這種期望已變成虛幻的理想。在司法案件審理過程，自由心證給了法官極大的彈性，一個案子的有罪或無罪和刑度長短，法官有著隨心取捨的空間。猶記當年在軍中基層部隊服務時，接觸過的「回役兵」（即更生人），談論司法的黑暗面或司法人員索賄的惡形惡狀，讓人難以置信。日後在社會新

聞看到一些司法界敗類的犯行，以及親身經歷了一件訟案，才深深體會到法官自由心證的可怕，案子落入心術不正的法官手上，只有任其宰割。

這件因為小孩就讀學校班上家長委員會選舉發生弊案，班導師不平，商請熱心又有正義感的家長組成「五人小組」協助處理，對方塗改選票作弊事證明確，吾等本擬息事寧人，無奈對方以處理過程的小瑕疵，將導師及兩位住在外縣市與本案不相干的不明人士列為被告，吾等「五人小組」列為追加被告，提起侵權行為損害賠償之訴，要求給付新台幣四百八十萬元。學校教師會幫導師聘請的律師信誓旦旦地說，這個案子對方絕對告不成，自寫答辯狀首度出庭，見承審法官，心涼了半截，此人獐頭鼠目一臉奸邪之相，看來絕非善類，果不其然，那兩位不知從那裡冒出來的被告當庭認錯願意領罰，法官斥責班導說：「你知道選舉有弊端，不向家長說不就沒事了嗎？……」，接著用誘導認錯的訊問方式詢問我們這幾個被告，事情逆轉，我方律師大驚，事後打聽，此人在這個地方法院是頗受爭議的法官。或許是吾等吉人天相，這位法官因案調職，接辦法官於辯論終結後判決主文為「原告之訴及假執行之聲請均駁回」，對方不服上訴，經二審法官曉諭後撤回。小小一件民事訴訟案，纏訟近兩年，精神煎熬痛苦難當，外人無法體會。

事後與律師檢討此案，全案梗概歸納為：一、律師由同業處得知，原告好訟成性，自恃財力雄厚，與他往來言語稍有不慎就會被告；二、原告精於訴訟，狀告兩位外縣市者（可能是其親友）之法院，讓吾等疲於奔波，勞心勞力又傷財；三、原承審法官不是糊塗蟲就是有受賄之嫌，否則不至於偏向原告偏得那麼離譜，如果由他審到底，以他獨到的自由心證，我方必然敗訴。因此得知司法人員也有害群之馬，案子到了黑心法官的手上，看來只有自認倒楣的份。

　　經歷這個事件，對司法案件有新的看法，那就是，經由法官自由心證的審判案件，被判無罪並不一定真的無罪；被判有罪也不一定真的有罪。所以，馬英九不要高興得太早，因為法官每人心中有一把自由心證的尺，以現在的司法被政客操弄到區分藍綠的地步，將來二審法官自由心證的那一把尺如果是綠色的，看你怎麼脫困。

培養面對逆境與挫折的處理能力

第一家庭的成員陳幸妤,日前因為「台開案」二審判決,其夫趙建銘刑期較一審為重,陳幸妤輾轉反側、夜不成眠的次日,在媒體追問下,終於把積壓心頭已久的恨,一股腦兒的宣洩開來,破口咒罵公公的鏡頭,在電視不斷重複播放報導下,給社會丟出了顆震撼彈,對社會造成極大的衝擊。這種行為是對倫理的挑戰;這一罵,也顛覆了傳統的倫理價值。

陳幸妤咒罵公公事件,引發社會上廣泛的討論。寄予同情者認為,以她樸實率真的個性,原本可以過個平凡女子的日子;但是,身為第一家庭的一份子,父親的權力,對她來說是負擔而不是資產;第一家庭的弊案揮之不去,復以她的先生趙建銘及夫家涉及的「台開案」,讓她一直處在怨懟與憤恨的陰影中。這次「台開案」二審判決出爐,情緒的失控,讓她在媒體前咆哮罵人,抒發了她的委曲與憤怒,可以理解,也讓人同情!

第一家庭必然要承擔動見觀瞻的社會責任。這次,陳幸妤在電視媒體前那樣咬牙切齒大罵公公,說出叫他自殺的言語,固然再次展現其直率、敢言的個性。但是,就整個社會的觀感而言,身為趙家的媳婦,即使她深信「台開案」是公公趙玉柱一手捅出來的紕漏,不思「厝內的代誌」要在家裡解決,卻以這種媳婦罵街、公然指責長輩的方式演出,就倫理綱常來說是否妥適?有無失格?必須接受社會大眾的檢驗與評論;往深層探討,其家庭教育與教養的問題,也應接受公評。

家庭教育對一個人一生的影響至鉅。舉凡人格的養成、品德的陶冶、生活習慣、學習態度、待人接物之道等等，這些人格特質完全在父母與家人的影響下奠基。後天養育方法的正確與否，對一個人的學習過程與社會表現，有極深遠的影響。例如：做父母的有良好的閱讀習慣，子女在耳濡目染之下，自然就會養成好的讀書習慣。再如，父母的言行舉止，同樣是子女模仿的對象，一個講求孝悌忠信的家庭，大抵不會有離經叛道的不肖子孫。

　　家庭教育同時也影響到一個人教養的問題。「教養」是一個無形的概念，要定義它，一般認為是一個人的風格與氣質，要問教養好與壞，很難有一個評定的標準，而且，不同的國度，可能就有相異的看法。但是，一個社會或一個群體，總有一個約定成俗的衡量標準，這個標準就是社會主流價值的那一把尺。有人以氣質或言行舉止的優雅與否來衡量一個人的教養，它表現在言行舉止、衣服穿著、待人接物等方面，有些是與生俱來，有些是後天養成。今日，台灣社會的一些亂象，必有其因果，所謂「月暈而風，礎潤而雨」，問題的癥結，就在於「教養」。

　　一般人大都熟知IQ代表聰明才智；EQ代表情緒管理能力；CQ代表創新、創造能力；MQ(Moral Quotient)則是代表美德智商。近年來，在企業管理領域出了AQ(Adversity Quotient)的新名詞，指的是一個人挫折忍受力，或是面對逆境時的處理能力。這些在社會科學領域的名詞，與現在的社會現象相互關聯又互相影響。在多元社會體系下，層出不窮的社會現象，顯示出，不是教育程度高的人都有教養，而有教養的人也不見得都有高教育程度。

　　陳幸妤之怒，點出了當今社會缺少的一些元素，讓我們有機會一同省思傳統美德、孝親之道等社會價值的維繫問題，事實上，答案就在每一個人的心中。

革除官場送禮陋習

　　為了兌現馬英九競選總統期間清廉執政的支票，法務部研擬「公務員廉政倫理規範草案」，經行政院院會通過，即將公布實施。就政治風氣言，官場送禮陋習由來已久，相關禁止送禮、收賄之法令規約堪稱齊備，而且司法檢調系統、行政機構政風單位亦有查察、懲貪機制，今再以行政命令規範，其政策宣示意義大於實質意義，更由於其規範瑣瑣碎碎，能否落實以建立廉能政府，尚待觀察。

　　中華文化五千年，禮義之邦永流傳；自古以來「周禮」、「儀禮」、「禮記」叫做「三禮」，所以國人講禮文化源遠流長。所謂知書達禮、禮不可廢、禮尚往來、禮無不答、禮門義路、禮者理也，因此，有「禮」走遍天下，無「禮」寸步難行，說明「禮」之重要非比尋常。今以官場送禮文化為論，談談公門中送禮陋習陋規及一些醜陋之態，以與「公務員廉政倫理規範」相呼應。

　　公門之中，設官分職，有長官部屬之分，理應遵循體制，各安其職、各守本務、各盡其責，以學識才能、品德操守、工作績效為尚，方為至道。惟官場中總有少數不肖之徒，假公濟私者有之，心黑行邪敢撈敢拿者有之，有此為官者，自然會有揣摩上意、巴結奉承的部屬，勤修送禮功夫，攀附權貴以求倖進，如此拍馬周旋，多所耗費，必然挖空心思撈錢，無心處理正常公務，凡事因循苟且，敷衍塞責，但其升遷卻遠比規行矩步者為快，此即「送禮懂竅門，升官一定成」的惡質官場文化。

話說軍中送禮文化，不分陸海空有「禮」照樣行得通，軍中或坊間時有相關傳聞，有些是謠言，卻也有些是事實。一般說來，做部下的給長官送禮，一定是有所圖，送禮時機以逢年過節是「禮所當然」，再就是長官生日、升調、喬遷或其家眷喜慶之時；也有在特別事情上，例如自己升遷之需要而刻意送禮者；送禮方式、禮物品項、價值輕重，可因所求利益之大小作區分；再就是關係夠者直接送到家，關係不夠者還得透過中間人轉送，甚至有捐客仲介升遷調補之能事，反正是送禮門道林林總總，不一而足。

　　大凡公務部門擁有生殺大權之主官，自然是投機份子要送禮巴結的對象；其次是管錢或管人事的部門，也是「禮物收容所」；再就是業務關係可以卡到下級單位者，習慣上當然都是下級送禮給上級，部下送禮給長官。憶起民國七十七年至八十二年，我在國防部服務，辦公室在總統府，習稱為介壽館，日常都從四號門進出。逢年過節，但見禮品進進出出，長官辦公室堆滿禮物，這已是習以為常的例行性收禮、送禮方式，有辦法送禮到長官家者更不知凡幾，當年同僚們都戲稱這個四號門為「送禮門」。

　　當年軍職在身時，享有搭軍機(後來有軍包機)的福利，早年搭俗稱的「老母雞」，在安檢過磅時，最讓人不服氣的是行李被空運組人員指說「超重」，卻在上了飛機，看到堆滿了以簑筐包裝的金門包心白菜、蘿蔔、芋頭等，以及一箱箱的高粱酒與貢糖，一眼望去，都是金防部及各守備師的長官們署名，透過「駐台辦」送給黨、政、軍要員的貢品，此等景象歷歷在目，感受上是五味雜陳。於今看來，當年這些金門土特產，對於後來紛由金門返台升官者，有著不可磨滅的貢獻。

　　送禮文化隨著上位者之好惡有所變易，上有所好，下必從焉。因此，主官更迭時，下屬總會看風向，會收禮之長官，必然予好送禮的鑽

營之輩開方便之門。另者，也有操守廉潔、清正自持的主官，對送禮、拍馬屁之徒深惡痛絕，逢此主官，單位風氣一新，魔消道長，好人才得以出頭。是以，軍中送禮陋習，並非全然如此，惟上位之人應思送禮者所為何來？及其送禮財力來源為何？是個人薪資支付？或是挖空心思動公款腦筋？須知，送禮倖進實不可取，賣官鬻爵法所不容，因此，為了維護國軍形象，送禮陋習可以休矣！

三分工作七分公關

　　剛接任國防部長首次在立法院備詢時，語出驚人地說，四年前陳總統肚子上的槍傷，絕對不是在台南市金華街的掃街現場造成的。陳肇敏遭綠營立委批評、指責不斷，之後以召開記者會道歉收場，從此行事轉趨低調。日前報載，陳部長破例延攬民間資深媒體人士進入國防部長辦公室任職，協助處理國防部公關工作，希望改善軍方與媒體的緊張關係，以強化國防部（陳部長）的公共形象，這項與時俱進、重視公關的做法，顯示公關工作相當重要。

　　公共關係（Public Relations）是舶來品，指的是與公眾有關之公共關係，簡稱「公關」。公關在國內已經發展成社會科學領域的一個學科，部分大學校園相關科系開設課程探討理論與實務，以行銷與管理導向的公共關係研究為大宗。公關的定義至今仍然是百家爭鳴，一個名詞，各自解釋。公關的範圍很廣泛，舉凡政府機關或具規模的公司行號，幾乎都設置公關部門，所以有形象公關、企業公關、媒體公關、行銷公關、社區公關、政府公關、國會公關、網路公關；甚至特種行業的夜店，也有所謂的公關小姐或男公關；再如李登輝主政時期，政府為了外交工作之維繫，委託國際公關公司做公關。所以公關工作其大無外，其小無內，處處都有公關，例如國防部某前部長，以昂貴進口名筆送給立委做公關，當時也成了大新聞，所以，送禮也是一種公關行為，今再續談軍中送禮做公關二三事。

　　話說民進黨執政時期某任國防部長，屬於長袖善舞、八面玲瓏，甚討長官喜愛的人物，搞公關更是呱呱叫，所以不論藍綠執政，都得到拔擢。我在立法院有擔任行政主管之友人，某次見面，對該部長讚美有加，說此人身段柔軟，沒有官架子，尤其歷來中央部會首長三節送禮給立法院，都沒有他的份，唯獨該部長送禮給他們這些事務官階層的主管，讓他感動莫名，逢人便幫他說好話，送禮做公關到如此地步，也難怪黃復興黨部要回復他的黨籍，請他行動歸隊。

　　送禮做公關與受禮者雙方往往有互利共生關係，不足為外人道；等而下之的，則是利用職務之便收禮索賄的惡劣行徑。憶起昔日某高級司令部之人事部門，某小組成員紀律敗壞，極盡腐化，由於敢吃敢拿，外界給個不雅封號叫做「錢可通」。當年經歷主隊職之外，兵科學校教官職亦屬重要經歷；筆者時任某營級主管已歷四年餘，名在教官候選之列，惟隔壁營同樣職務之同事，任期兩年一到即調任砲兵學校教官組教官，不解為何考績與教官甄試分數均優於他，現職任期亦比他長，卻未被派任教官職，心有疑惑，乃電「錢可通」辦公室詢一究竟，承辦參謀引據法令規定，並稱絕對公平、公正作業，未曾徇私等云；之後曾著人傳話，暗示盡點「禮數」表示誠意，下一輪教官人事檢討時將可如願，來者乃此中掮客，經當面予以斥責，悻悻然離去；多年後，聽聞此二敗類東窗事發，真是果報不爽。

　　有某學長，資歷完備，列將級候選多年，經一上將退伍之老長官向當權派說項舉薦，獲應允，但不交辦，須由人事部門上簽呈，老長官提醒他備禮拜訪該人事主管，送去一套價格不菲的歐洲進口餐具，次日遭退回；復經某高人指點，又備高級水果禮盒送去，次月，即簽請長官核定，派任南部某兵科學校佔少將職缺；這次禮盒為何未被

退回，乃禮盒內夾有信封袋，內置「四個小孩觀地球儀」六十六張，取六六大順之意，為「有錢能使鬼推磨」之顯例也！

民國八十年代中期，有三次可以到極佳待機候選少將職務的機會，經提點應如何去李、林、王家「走動」，均不為所動，最後調到個冷衙門，離職前向司令部某長官辭行，他的臨別贈言是，上校職以上是種「藝術」，必須懂得行銷自己，並謹守「三分工作，七分公關」之原則，才有出頭的機會，此話寓意深遠，至今難忘，但總是做不來。

銀髮族的健康是兒孫的福氣

　　金門縣衛生局長期照護管理中心與台灣身心機能活化運動協會及福樂多事業合作，於日前辦理了五個場次的「身心機能活化運動指導士訓練課程」。藉由專業師資之講解指導，提昇金門地區為銀髮族服務人員的專業技能與水準，有助於帶領銀髮族及退休人員生活調適，促進高齡民眾重視身心健康，達到健身、防老效能。顯示縣府對高齡族群身心健康之重視，我們希望這個行動可以引導深化銀髮族鄉親的保健養生觀念。

　　隨著經濟條件改善與中產階級人數增加，地區民眾對生活品質的要求日益提高；對身體健康之重視與時俱進，保健養生觀念日深，飲食養生、運動健身應運而生，蔚然成風。同時，公部門在李炷烽縣長推動「整合式篩檢服務暨健康管理照護計畫」下，自九十三年啟動「金好康健康檢查」以來，對加強地區中、老年人健康，提高「成人健檢」利用率及品質，已具成效。根據九月份的《康健雜誌》指出：金門對老人友善、外出便利、老人安全等多項評價都名列前茅，是最適合老年人居住的地方。

　　但是，現在金門的高齡族群在走過早期謀生不易、資源缺乏、生活困苦的年代，由於知識貧乏，注重傳統，讓這一族群的老年人口中，有極高比例的長者仍然保留著在窮苦日子裡「視物如天」的舊思想和「諱疾忌醫」的老觀念，不願調整和改變。事實上，這些舊思想和老觀念造成的飲食習慣，對他們的身體健康隱藏著極大的危害而不自

知，令人擔憂。

　　節儉惜物是傳統美德，惟剩菜殘羹隔餐回鍋，隔夜再回鍋，其營養價值所剩無幾，且可能會產生對身體有害之物質，但不少人不肯丟棄，認為是「暴殄天物」。有旅台老阿嬤年節返鄉祭拜神明和祖先，將祭品按在台子女數分別打包，攜往台灣分食；或有兒孫在台者，老人家將祭拜後之供品託赴台親友攜往，甚至包裹快遞亦有所見。日前，本報「祭品逾月吃不完」的報導，這些與現代健康飲食觀念相左之現象，理應有其改善空間可資討論。

　　有些人飲食觀念根深蒂固很難改變，往往在他們「垃圾食，垃圾肥」堅持己見下，兒孫輩善意進言，效果不彰。但是，相信專家、相信專業，是一個普遍的社會現象，因此，飲食衛生及保健養生新觀念的建立有賴公部門扮演宣導的角色。所以，前述「金好康健康檢查」，以及衛生醫療單位巡迴各鄉鎮村里的健康飲食宣導，逐漸受到民眾歡迎，也看到一些成效。

　　我們不碰觸閩南泛靈文化神明觀等民俗傳統之探討，純粹從保健養生的層面與角度探索、思考年節食品健康這個問題，希望民眾隨著現代的衛生與環保觀念，在食品採購、祭拜供品及飲食習慣上做調整與改變，使祭拜供品不要成為飲食健康上的負擔。最近瓊林村普渡拜拜，有人運用巧思和妙手，以花果清膳或菜雕取代大魚大肉等多油脂的供品，被譽為具有飲食健康概念的「創意拜拜」，有民眾認為不但更健康，也更有功德，其中蘊含「心誠則靈」的道理。

　　正確的健康飲食觀念，可以為民眾的健康加分。我們以銀髮族的健康為議題，希望引起民眾重視高齡長者的保健與養生，因為，銀髮族的健康就是兒孫的福氣。

從「星星的故鄉」談起

　　民進黨金門縣黨部日前以「是誰把金門變成星星的故鄉？」為題召開記者會，認為國民黨執政五十年，民進黨當家七年，金門籍子弟在國軍晉升星星(將官)的「顆」數不成比例，表示民進黨七年來晉升金門優秀子弟四十三顆星，比國民黨執政時期晉升十三顆星多出三倍，強調民進黨政府對金門子弟肯定與拔擢的「照顧」之情。這些話當做選舉語言可也，如果細加推敲，它卻犯了邏輯上的嚴重錯誤；因為這樣的說法缺乏對事情整體性的觀照，有失客觀與公允。就如同在國民黨執政時期推動的重大建設，民進黨執政時完工剪綵，片面將「收稻仔尾」當作自己政績一樣的荒誕可笑。

　　金門人從軍有其歷史淵源及特殊的背景因素，國府播遷來台，金門是「反共前哨」與「反攻跳板」，部署重兵，實施軍管。那個年代成長的青少年與軍隊常年接觸，耳濡目染，對軍人有其特殊的情感或仰慕，復以戰後出生的一輩逐漸成長，當年就業環境非常惡劣，謀生不易，因此，金門人走入軍官學校，有其先天條件及客觀環境。在先天上，金門的純樸民風及艱困生活環境下，孕育出那個世代一批批忠誠、耿直、純潔、善良，肯上進、能吃苦的年輕人。從客觀環境來說，由於政府延長九年義務教育在金門實驗，民國四十年以後出生者因而受惠；教育普及，國、高中畢業，在地就業者外，赴台升學或投考軍校成為當時年輕人的主要選項。民國五十年代後期，軍中基層幹部嚴重不足，政府鼓勵從軍條件優渥，因緣際會，戰地青年從軍報國蔚

成風潮，每年進入軍校各種班期者數以百計，形成後來在軍中發展的主力。

金門人所以能在軍中打響知名度，概括言之，均來自於本身優異的學養，以及忠誠勤樸、刻苦耐勞、苦幹實幹、勇於任事的工作精神。同時，也受知於當年曾在金門駐防的國軍中高層幹部對金門人的瞭解與信任，進而對縣籍幹部的肯定與拔擢。最主要的因素則是他們從基層開始，一步一腳印，以優異的工作績效，展現了金門人的特質，建立了金字招牌，日積月累，如今星光閃爍，光耀門楣，名顯鄉里，贏得「星星的故鄉」美譽，誠屬不易。

國軍將官升遷自有其制度，人才培養有一定期程。民進黨金門縣黨部，以這七年晉升將官人數歸結為陳水扁總統拔擢優秀子弟之說，有據為己功之嫌，如果從時空背景的角度觀察，毋寧說是民國六十年代陸續從軍的鄉籍青年，他們經過國民黨執政時期的長期培養與歷練，靠著本身卓越的條件與優異的工作績效，正逢優秀人才輩出之際，在民進黨執政時，依循制度獲得擢升。反倒是政黨輪替後人治色彩濃厚，軍中高層派系傾軋，可能因此埋沒鄉籍不少優秀人才，值得進一步檢視。

總之，金門被譽為「星星的故鄉」，絕非某朝某代的功勞，追溯金門人從軍史，其發展歷程必須作整體性與延續性觀察。客觀來說，教育普及應居首功，此外，凡是提供培養鄉籍將校們成長的土壤和發展環境者，都應受到肯定與感恩。因此，以這七年來晉升將官人數，據為當今執政者「照顧」金門籍軍人之說，將陷入以片面數據誤導事實之迷思。所以，我們認為全面觀照、整體觀察，才能獲得一個讓人信服的論述。

憶苦思甜話從前

新年前後，拜讀陳延宗先生在本欄的兩篇大作，是過往他在軍旅生涯的點點滴滴。讀到台金交通往昔迄今的改變，勾起無限回憶，心有所感，不如「憶苦思甜」一番。

現在e世代年輕一輩，吃碗「滷肉飯」是稀鬆平常的事。民國四、五十年代金門生活條件極差，白米飯添加豬油、豆油、蔥花一攪拌，吃得津津有味，我們當作「好料」；另者，能吃到部隊伙伕班長給的剩饅頭或鍋巴，也是一種享受。向子侄輩提起這些陳年往事，他們都當作笑話一則；再說由金門搭軍艦赴台，抵達高雄港十三號碼頭，登上岸感覺陸地還在搖晃的那種滋味，他們無緣體會，都說，阿伯在「臭彈」。

民國五十八年國中畢業，一票同學赴台參加高中聯考，是搭登陸艦的初體驗，夏季風平浪靜，星夜的甲板上，幾個年輕小伙子強說愁滋味。寒假返鄉，時值冬季，海象惡劣，頂著十幾級的風浪，船身上下左右不規律的搖晃，船艙裡、甲板上、走道中，只要承受不住而暈船者，嘔吐聲此起彼落，嘔吐物氣味難聞，我未暈船，義務協助照顧同學、同鄉，見有吐得膽汁瀉地者，讓人心都揪了起來。

進軍校以後，搭船往返無數回。民國六十一年底畢業返鄉，先後駐防在成功、擎天水庫、榜林、太武公園等地。那個年代，海、空運輸都得仰軍方鼻息，由於機位、船票不易取得，鄉人找關係或透過特殊管道者屢見不鮮。我於任職金防部砲指部本部連時，因緣聚會，得與

指揮部及後指部運輸官熟識,當年老家左鄰右舍請託張羅船票,平常每個航次找個三、五張不難,難在寒、暑假結束赴台者眾,船票需求量大,難免應接不暇,稍有不如人意,向隅者酸不溜丟的話語,令人懊惱,因此決定個人輪調到台灣,避開人情世故這些解不開的結。

某次休假,從台南駐地北上,攜公函至台北公館陸軍外島服務處登記機位,那位與我同軍階的空運官奚落說「上尉也想搭軍機,慢慢等吧!」接連三天都沒接到排上機位的通知,仍然每天下午四時去探消息,賭看有無臨時補上的機會,每次都會看到一位六十幾歲的老媽媽在櫃檯邊痴痴地巴望著,她說來三總看病後欲返金,已經來等了兩個禮拜都沒有消息,正談話間,見一小姐(當年金門名花)大剌剌的推了櫃檯邊「閒人免進」的那扇門,與一著便服者熱絡交談,當場開了機票,然後大搖大擺地走了,見此情景,一時火冒三丈,氣憤不平,請那位便裝者(自稱空運官)借一步說話,並要求開張票給那位老媽媽,否則絕不善罷甘休,他自知理虧,不但給了老媽媽機票,且另開一張給我,雖然如此,但對那種特權橫行的不公不義,深惡痛絕。

如今台金交通,民航每日數十航班往返,花錢買票,機會均等,但年節時仍供不應求,春節將屆,有勞官方與業者再加把勁,期以滿足外地遊子歸鄉團聚之願。

說一個特殊記憶的除夕

除夕，是農曆年的最後一天，華人社會有辭歲的習俗，因此除夕又稱大年夜，閩南則稱為「過年」或「年兜」。農曆十二月如為小月時，有二十九日，在金門習稱為「二九暝」；逢大月為三十日時，則稱為年三十、大年三十或三十暝。俗語說：「年兜尾，新年頭。」在傳統農業社會是受到相當重視的日子，於今亦然。吃年夜飯是這一天活動的重頭戲，一家人圍爐共享天倫，象徵團圓和諧，來年興旺。因此，除夕圍爐是年終的大事，無怪乎每到農曆春節，台金航線一票難求！

第一次不能和家人圍爐吃年夜飯的除夕夜，是民國六十二年初的那個春節，部隊駐守在成功漁港一線的海防。那個年代特別強調「以軍作家」，尤其外島地區，每逢年節，為防共軍蠢動危及國家安全，而影響到平民百姓的歡樂氣氛，部隊必定提升戰備層級，軍政主官管全部留守待命，還得為官兵們籌辦節慶的各項活動。基於軍人保國衛民的職責，過年過節這種無法和家人團聚的艱苦與心酸，還得強顏面對所屬，不是過來人，怎知其中甘苦？

春節，部隊得連加幾天菜。除夕和大年初一的菜色更不能含糊，每餐的計畫菜單都得細心審查、調配。那年，初任少尉幹事，並代理輔導長職務，監辦伙食，責無旁貸，過年的採買更必須親自督導，營部的採買車凌晨四時從夏興山上下來，沿途接各連採買人員到金城的菜市場採購。那年代，很多店家都聘有年輕漂亮的姑娘當店員，以利招攬生意，當時「賣菜西施」、「豆腐西施」、「雜貨之花」…稱號不

一而足，她們對金門經濟的發展有著不容被遺忘的貢獻。如今，駐軍已剩數千之眾，國軍本身有副食供應制度，這種每日凌晨四時許，軍中採買車趕市集的壯盛場面已不復見。

「每逢佳節倍思親」。在民國六十年代，金門駐軍號稱十萬有餘，戰鬥部隊幾乎每個單位都超編（一個連隊二、三十人不等），因此，如何讓這些離鄉背井的官兵們過個快樂又平安的年，當主官（管）的不但傷透腦筋，而且又繃緊神經，一方面要鞏固防務，一方面要讓弟兄們吃得好、玩得好、睡得好，讓他們體驗軍中過年特殊的歡樂氣氛。要做的面面俱到也是一大考驗，必須有周詳的計畫，按部就班去執行，否則，可能一個環節的疏忽，就造成令人遺憾的事故。當年，就帶過一個刺龍刺鳳的刑滿回役兵，退伍已生效，兩個航次都沒登上船回台灣（那時是常態），因此心生疑懼，認為是不是等著回台灣送去流氓管訓，除夕餐會時，藉著幾分酒意跟我說，他準備「跑路」（逃亡），這一夜，只好陪著他談心，徹夜未眠，這是別開生面的一次「守歲」經驗。

過年，當社會上充滿歡樂聲，家家戶戶慶團圓的時刻，有一群人，他們在山之巔、在水之涯，在陸地、在空中、在海上，正執行著保衛國家安全、維護社會安定的任務，他們的名字叫做「軍人」，今逢除夕，得向他們說一聲：辛苦了！

興建金廈大橋還有漫漫長路要走

　　馬英九總統上任以來首度蒞臨金門，主持八二三戰役五〇週年紀念大會等系列活動，發表「從殺戮戰場到和平廣場」的重要談話，提出「深耕和平思維，強化自衛能力」的主張，呼籲兩岸和解休兵，共創雙贏。隨後率領行政院院長及各部會首長在本縣府會首長、立委等陪同下視察地方建設；再與地方官員、議員及社團負責人舉行「金門全方位建設座談會」，聽取各界建言。這趟金門行，馬總統釋出各項利多，為兩岸帶來和解休兵的歷史契機，若能逐項具體落實，必然有助於金門長遠發展，為子孫打造一個永續經營的美好環境。

　　馬總統宣示的利多政策，是以主張兩岸和平的思維及後大三通時代金門發展願景為思想基礎。由於他對各項議題採取開放態度，所以明確表示，為促進金門發展，便利大陸人民到金馬觀光旅遊，政府未來將採取落地簽證或多次入境方式；至於金廈通水以及興建大橋的構想，馬總統認為可以討論評估，但必須有長期而完整的規劃。行政院並已責成經建會會同相關機關配合兩岸新情勢及小三通全面正常化，通盤檢討規劃金門中長期的經濟建設，預定年底完成。對金門來說，這是個值得雀躍的訊息，因為馬總統的政策宣示，至少展現他高度的誠意，讓人感受到他言出必行的人格特質。

　　馬總統這次在金門的談話，台灣媒體普遍報導及評論。前述陸客來金觀光將採落地簽等方式及金廈通水、建橋構想，反對黨人士即大肆抨擊，認為這是門戶洞開，將危及國家安全等云；國防部長陳

肇敏對興建「金嶝大橋」評估案，從軍事安全戰略思考的角度，認為「目前不可能一蹴可幾」，本報已於昨日社論中提出看法。另者，「自由時報」昨日社論以「百億建金廈大橋只是圖利中國」為題表達反對立場，認為政府研議興建金廈大橋「不論對台灣人民危機意識、國家安全與經濟傾斜，可謂有百弊而無一利……」，評析「金門乃是台灣對抗中國的戰略要地……屆時中國軍隊長驅直入，金門安全如何維護，豈不只能棄械投降？……如此一來最後可能出現的結局，就是將金門拱手讓給中國……」，因此「奉勸馬政府應即打消此一出賣金門甚至必然導致台灣淪喪的愚蠢想法」。

我們尊重「自由時報」表達其立場以及提出意見的自由與權利，其憂心台灣安全的思維與論述抑或有其所本，惟其觀點仍然停留在台灣與中國大陸「敵對狀態」的現狀，未審兩岸關係發展的新情勢以及馬總統「和平、和解」、「和平思維」的前瞻性與追求兩岸和平共榮的用心。同時，政府是否興建「金嶝大橋」，目前正納入評估、考量的階段，其可行性如何？何時推動？應該取決於兩岸關係未來發展而定，只要雙方以誠相待，互釋善意，金門發展前景是值得樂觀期待的。但是，如果中共對台飛彈部署數量持續增加，對我外交打壓依舊，我們當然不能一廂情願地指望在這種情境下興建這座大橋。所以，兩岸建橋牽涉的問題至大至廣且充滿複雜與不穩定的變數，當然必須審慎評估，整體考量，在國家安全與兩岸關係互信共榮的基礎上，一步一步推動。

總之，「金廈大橋」也好，「金嶝大橋」也罷，欣喜政府納入中長期經濟建設評估，我們固然樂觀期待，但是，這座象徵和平之橋要付諸實現，可能還有漫漫長路要走。

培養公務員的前瞻性與創造力

　　行政院長劉兆玄日前發表一封題為「國家的基石、人民的依靠」公開信給全體公務人員。劉院長在信中表示，新政府團隊面臨前所未有的挑戰，包括油價、物價飆漲乃至國際金融海嘯對國家經濟與社會的衝擊，接踵而來，但是政府循序漸進，提出整體計畫來穩定民生經濟；他同時表示，民調的反應與政府預期仍有落差，顯然還沒有實現民眾的期盼，值得深切檢討；並要求全體公務員今後要以「感同身受的心情、靈活創新的思維、堅定不移的意志、清廉正直的行為、積極有效的執行」，來看待每一件手上處理的工作，以重建優秀專業的文官體系，獲得人民的信賴與肯定，從而實現「經濟繁榮、社會和諧、環境永續、兩岸和平」四項願景，打造台灣百年盛世基業！

　　劉院長在這封公開信中，對就任半年來，儘管形勢嚴峻、時間急迫，仍本著不急就章、不炒短線，逐步推出各項政策，已漸展現成效，也肯定公務員的共同努力與貢獻。另者，他認為過去幾年間，因為種種因素，使文官體制受到斲喪，讓許多優秀的公務員選擇保持沈默、保守，不敢建言，這是政府的損失，更是國家的損失。因此，他以前述「感同身受的心情」等五項要求，期許全體公務人員要成為「國家的基石、人民的依靠」，實現「經濟繁榮」等四個願景。語重心長，展現國家最高行政首長的胸懷與施政理想，如果能劍及履及，顯現成效，洵屬全民之福。

　　政府設官分職，分門別類劃分層級，旨在為人民服務，為百姓解

決問題，為國家邁向進步繁榮而共同努力。各級政府公務人員是依據這個需要，為推展國家政務而建置，所以，公務人員在權責分明，行事有據的體系推動行政工作，從而獲得人民信任、支持與尊重，因此，必須有一批優質的公務人員，才能推展繁重的政務。就公務員對國家貢獻言，我國文官體制建立以來，由於公務員的犧牲奉獻，對國家整體發展是一股穩定的力量，受國人所肯定。但是，組織內部異化現象，導致公門中人的無力感、無規範感及自我疏離，造成公務人員奉命行事、等因奉此、墨守成規、因循苟且心態，最為社會大眾所詬病，深值檢討。

關於公務部門組織異化現象，學者吳瓊恩在其所著「行政學」一書中曾指出「行政人員生活和工作於組織中，很容易養成三種習性：（一）、功能性的短視（Functional myopia），也就是本位主義，缺乏宏觀的見識；（二）、執著於傳統的慣例，缺乏應變的能力；（三）、習慣於專業技術的觀點，而脫離了常識的觀點。」這段話講白一點，指的是理論與實務脫節，以及公務人員缺乏前瞻性與創造力的老問題。所以這次劉院長在五點要求中，提到「靈活創新的思維」，應該是切中時弊之言，也是對內閣閣員以及各級公務人員的期許。

劉院長受命於國內外經濟嚴峻之際，在政策上強調「不急就章、不炒短線」，但是在政策推出後其成效評估宜與時俱進，例如石油價格已從每桶一五○美元跌至目前的五十美元左右，當初祭出對大眾運輸業之補貼政策，理該檢討其存廢或提出相應措施，以符實際。凡此皆有賴公務人員的前瞻性與創造力，才能及時提出對策與建議，允為「靈活創新的思維」之真諦。

請馬總統幫忙訂機位

　　國曆新年伊始，各地跨年晚會高唱「牛轉乾坤」。接續的是農曆春節即將到來，不少旅台鄉親返金團聚圍爐的心願，因為台金航線一票難求，遊子的心酸誰能知，深值重視。

　　台金航線每逢春節期間，一票難求的情況年年出現，雖然各方努力爭取，卻仍有少數鄉親不能一圓返鄉團聚夢的遺憾！去(九十七)年十二月九日民航局開放金門鄉親預訂機位的時段，數以萬計的旅台鄉親，撥打訂位電話撥到手酸，好不容易撥通了，卻因為滿線，必須在等待接聽的音樂聲中苦候，待有人接聽，幸運者可以訂到機位，運氣差者得到的是「機位已滿」的回應，年復一年，不見改善，向隅者只能徒呼負負。

　　每逢春節前，旅台鄉親機位難尋，縣府至為重視此一現象，總是想方設法來滿足這個需求。今年亦不例外，縣府日前邀集中央駐金單位與縣府相關部門，研商春節期間加強公共運輸服務計畫會議，李炷烽縣長希望各單位能各司其職、各負其責，以做好春節期間陸、海、空運的公共運輸服務，並預定本月七日開放加班機訂位事宜，以符民眾期待，其體恤民情、重視民意的用心，情真意誠，不愧地方父母官之典範。

　　台灣東部的交通運量，每逢連續假期，一票難求的痛苦經驗類似台金海、空交通之窘境。馬總統於十一月間巡視花蓮，對東部民眾開出「沒票來找我要」的支票，不少民眾找上總統府，都能遂其所

願。此事，引發交通部長毛治國「不成體統」的責難，毛部長「不成體統」失言，各方解讀不同，遭致物議，癥結在其未能深體民眾一票難求之苦；馬總統貴為一國之尊，日理萬機，如此小事都要承諾，固然有體制上權責劃分的思辨，但是，老百姓的一張車票都有勞總統費心，不也是「苦民所苦，疾民所疾」重視民眾福祉的表現。

這次縣府召開春節期間加強公共運輸服務計畫會議，李縣長期盼結合大家智慧，籲請政府相關部門作好陸、海、空運輸措施，就台金交通言，民航局官員代表指出，將於本月七日開放第二波加班機訂位，期能滿足旅台鄉親需求。在台金空運，金廈海運方面輸運計畫已經完成，同時，為恐台金空中運能不足，另規劃台金海運之備案，目前正招標中，其著眼在滿足旅台鄉親之需求，提供無機可搭民眾的另一選擇，當能發揮最大輸運效果，達到民眾的基本需求。

但是，民眾心願總以舒適、安全、便捷為尚，所以空運仍然是鄉親的首選，因此，在民航局第二波加班機訂位開放之後，如果仍有民眾訂不到票，期盼民航局本於運能調度之職權，妥採因應措施。我們認為，中央與地方之協調至關重要，是以縣府相關部門宜提供歷年來返鄉人數之平均數據，作為民航局加開班機調度之參考。尤其對第二波加班機訂位向隅者，盼能儘早開設諸如專線電話之服務窗口，再以登錄人數之多寡，妥為調度運能，增加班次，以滿足民眾需求。

春節團圓是中國人千百年來的傳統，團聚圍爐更是民眾基本願望，滿足人民的基本願望是政府的責任。因此，台金航線每逢春節機位一票難求的現象，殷望交通部及民航局官員本於「民之所欲」為念，以從善如流之思維，盡其職能為民服務，以符施政為民之旨趣。否則，如果金門旅台鄉親為了返金機票也要請馬總統幫忙訂機位，那豈不又是一件交通部長所說「不成體統」的事了！

歡喜接財神　三願開新運

　　今天是大年初五，俗稱財神日，也是已丑年農民曆登載開市的吉日。從今天起，各行各業為圖吉祥，莫不慎選良辰吉時開張、開工、開市，為新的一年搏個好彩頭。在此謹祝各位讀者財星高照、闔府康泰、福祿壽喜、牛年行大運。

　　中華民族源遠流長，傳統民間節慶相沿成俗，由於中國地大人眾，各族群生活習慣與民俗文化不盡相同，大江南北亦有差異。農曆正月初五，俗稱破五日，按照舊俗，河北一帶習慣要吃水餃，婦女不許串門子，稱為「忌門」；河南一帶不做活（不做事）；四川成都一帶，於是日「送窮」。但是，在正月初五財神日的傳統上，北方迎財神，南方祭財神，開市貿易的習俗卻是大同小異；相同的是接財神，不同的是對財神本尊信仰上的差異。按民間傳說，財神有文財神和武財神之分，可溯至殷商時代趙公明元帥與其四位部將招寶天尊、納珍天尊、招財使者、利市仙官，合稱「五路財神」；另有以東、南、西、北、中等路頭神為五路財神。相傳接財神盛行於明清，沿襲至今，各行各業在開張、開工、開市時，會在招牌上繫上紅綵，明顯處張掛紅紙書寫成的「生意興隆」、「開市大吉」、「黃金萬兩」、「招財進寶」等吉祥字句，乃取新春新氣象，圖一年吉利，財源茂盛，財富五路並進之意。清代時蔡雲「竹枝詞」云「五日財神五日求，一年心願一時酬，提防別處迎神早，隔夜匆匆搶路頭。」把這種「接路頭」習俗與「接財神」的心情，描述的最為傳神。

今年春節假期長達九天，雖然社會上都還洋溢在春節歡樂與喜氣的氛圍裡，但是，回顧去年下半年以來，金融海嘯帶來全球性的不景氣，世界各國政治領袖都面臨經濟危機的考驗，台灣也不能自外於這波經濟寒流的衝擊，由於劇變來得既快且猛，政府措手不及，馬總統「六三三」政見因此跳票，許多民眾因為失業、裁員、減薪的壓力，生活全都變了調，整個行政團隊民意聲望低盪。年前，政府普發消費券，固然發揮了暫時安定民心、刺激市場景氣的作用，但終非拯救經濟的長久之計。如今，適值歲令屬牛，面對嶄新的一年，逢此歡喜接財神之際，謹以歡欣鼓舞的心情提出牛年三願，祈祝國泰民安開新運。

一願「福牛臨門」，鄉親心想事成，人人吉祥如意。
二願「金牛送瑞」，國內藍綠和解，兩岸和平共榮。
三願「牛轉乾坤」，國際經濟復甦，景氣早日回春。

「寂滅為樂」與「心六倫」

　　國內佛教界具崇高地位的法鼓山創辦人聖嚴法師日前捨報圓寂，享壽八十歲。各大媒體對他的生平行誼廣泛報導，各行各業意見領袖、名流人士與無數信眾，對這位一生戮力弘揚佛法，教化無數人心的高僧大德，都抱著感恩與不捨的心情前往法師靈堂悼念、追思，誦經祝禱或瞻仰法相，緬懷並尊崇他不僅是當代佛學大師級的佛教領袖，更是弘揚佛學、佛法，啟迪社會大眾心靈的導師；一代佛教宗師圓寂辭世，大德風範長留人間，足為後世楷模。

　　聖嚴法師的生平，在他的年譜有完整記載。法師民國十九年誕生於江蘇省南通縣農家，十三歲出家；隨軍來台，於四十八年結束軍旅生涯，再度出家；曾經閉關六年，潛心佛學經藏；民國六十年代，負笈日本立正大學留學，取得文學博士學位。之後，於民國七十四年創辦「中華佛學研究所」；七十八年，創建法鼓山，弘揚佛法不遺餘力；數年前，法鼓山道場籌建完成，實現他佛教志業集教育、研究、弘法、修行於一體的理想，成就了不平凡的無量功德。

　　聖嚴法師遺言，在其身後不發訃聞、不傳供、不築墓、不建塔、不立碑、不豎像、勿撿堅固子；身後事是莊嚴佛事，不可辦成喪事；禮請一至三位長老法師，分別主持封棺、告別、植葬等儀式，務必簡約，勿浪費鋪張。尤其是，聖嚴法師沒有留下任何私產，所有布施涓滴歸於道場。他留給世俗人間的是高懸在靈堂上的那一幅「寂滅為樂」的輓額，這四個字，佛法中的涵義就是「寂靜涅槃」，是佛教徒認為最終

的解脫之樂；靈堂上沒有多餘的佈置，掛著這幅輓額，也讓世人見證了這位佛教大師身後事的莊嚴、肅穆、簡樸，更看見這位高僧大德在他走向生命終點時，仍然展現出修行者的智慧與平靜，引領人心超越凡俗的思維與做法，讓人感佩！

　　所有正信宗教都具有勸人向善的宗旨，因此，宗教對於安定社會、淨化人心具有不可抹滅的功能，其導引人性向善的信念與力量是國家社會一項寶貴的資產。聖嚴法師以佛家慈悲為懷的理念，倡導人間佛教，深入社會各階層弘揚佛法，啟迪人心，安頓了現代人的心靈，其教化成果至為可觀。尤其政商名人時有請求開示者，莫不因對象之不同贈予智慧之禪語，最受傳誦的是「慈悲沒有敵人，智慧不起煩惱」。

　　由於當今社會亂象百出，人與人之間，倫理的分際及道德準則丕變。聖嚴法師有鑑於此，近年來致力於推展「心六倫」運動，主要目的在「提升人的品質，建設人間淨土」，希望藉由六種範疇的倫理，來幫助台灣社會與人心能夠淨化，達到「內心清靜，處處是淨土」的「心靈環保」理念。這六倫包括家庭倫理、生活倫理、校園倫理、自然倫理、職場倫理和族群倫理；希望建立正確的倫理觀念，人人從自己做起，自己付出、自己奉獻；從提昇人的品質，才能建設人間淨土。

　　聖嚴法師捨報圓寂，「寂滅為樂」的輓額，展現了一代佛教宗師遺偈的超越凡俗；他強調「心六倫」運動的理念，是他對這片土地的遺愛，吾等凡夫俗子宜珍視此一寶貴資產，起而力行，為聖嚴法師「建設人間淨土」的理念盡一份心力。

公務員在多元社會中的新思維

　　國際經濟大環境仍然低迷不振，國內景氣亦未見好轉，時機歹歹，百姓日子難捱，因此，政府扮演的角色愈發重要；大的方面，政府必須有能力拿出好的政策來救經濟，設法改善人民生活；小的方面，公務員應該苦民所苦、有所作為，以服務的熱忱來感動人民。否則，在這個經濟不景氣的年代，民間企業減薪、無薪假、裁員或倒閉，失業率攀升之際，有工作保障及穩定收入的公務員，往往成為眾矢之的，前些，公務員年終獎金、國營事業員工績效獎金及軍公教退休人員十八趴等等議題，再度成為輿論焦點，就是明顯的例子。

　　政府部門與公務員體系受到批評、議論，事實上與經濟環境有密切的關係。經濟繁榮時，百業茂興，人民收入豐厚，社會歌舞昇平，公務員多安於現職，無怨無悔的領著死薪水；經濟衰退時，百業蕭條、謀事不易、收入不穩，人民生活捉襟見肘，相對比較，生活安定的公務員就被視為「鐵飯碗」，引為爭議；持平而論，這種現象對大部份奉公守法的公務員不盡公平。但是這樣的問題，政治領袖已然有所警覺，馬英九總統在今年元旦祝詞中呼籲公務員要學習觀世音菩薩「聞聲救苦」的精神，積極為民興利，為民造福；日前他在總統府接見九十七年全國模範公務員代表時，提出「廉政、明快、主動、親切；務實、建設、創新、多元」的要求，希望公務員不要忘記，做每件事情要把人民放在第一位。

　　從權力基礎的角度言，人民透過民主選舉方式，賦予執政者權

力的正當性；政府設官分職，組織結構與設計層級分明、權責相應；高層官員所負責任較多較重，其權力基礎來自於正式職位，故行政資源、決策控制與執行權力隨之而有，自應發揮果敢的決策作為，並為政策負責。其次，中、低階層公務員負的責任較輕，權力自然較小，然其權力基礎是建立在專業知識、工作態度與工作能力，當憑藉其專長或專業知識，發揮長才，甚至具影響決策的能力；但是，由於行政體系職位分門別類，各級首長行禮如儀，形成公務員唯唯諾諾、服從上級的職場倫理，演化為「一個命令一個動作」被動、保守的消極心態，是現今政府與人民所欲脫節的關鍵所在。

　　時代在變，潮流在變，思想觀念與做事方法也必須與時俱進。人民授予政府管理公共事務的權力，從政官員也常以「公僕」自許，稱人民為「頭家」，但是，因為公務體系劃分層級，官員等級有別，所以公門中仍然存在不少「衙門作風」與「當官心態」者，官腔官調，看上不看下的官僚習氣，一時難以改變，民眾評價自然不高。另者，由於組織結構因素使然，造成部份公務人員奉命行事、等因奉此、墨守成規、因循苟且的消極保守心態，最為民眾所詬病。這兩種現象值得公門中人省思、檢討、改造，據以重建公務人員文化，扭轉社會觀感。

　　社會上對公務員評價的高低，取決於公務員的觀念與態度。馬總統期勉公務員「不要墨守成規，不能抱殘守缺」，要把握「人民至上」的精神為民服務；所以公務員要扭轉社會形象，在觀念上必須秉持「人民最優先」的原則，在態度上應該主動親切展現服務熱忱；因此，在這個快速變化的多元社會，公務員必須掌握社會脈動、開拓視野，建立主動積極、勇於任事、創新發展的新思維。

霧鎖機場旅客怨──
從改善機場亂象做起

　　大自然環境因為人的無知和忽視受到破壞，地球暖化嚴重，氣候異常，往昔浯島三至五月份的霧季，近幾年有提前報到現象。二月中旬以來，「霧鎖機場，旅客急如熱鍋蟻」、「霧鎖金門，海空交通受阻」、「雨霧籠罩，尚義機場昨下午停飛」、「海霧瀰漫，金廈泉海上交通大亂」的新聞標題近日來常見諸報端；機場關閉、碼頭封港是金門地區在濃霧籠罩下的必然結果，台金空運或兩岸小三通往返旅客因而受阻，怨聲載道在所難免，但是，在旅客抱怨聲中隱含著一些問題，值得公部門與航運業者重視及省思。

　　海、空運輸是金門對外交通的唯二管道，由於天候因素致海空交通受阻，霧季期間尤其嚴重，經常造成機場、碼頭大亂，旅客叫苦連天，這種混亂現象日復一日、年復一年，公部門與航運業者對很多問題可能流於視而不見、得過且過、墨守成規或抱殘守缺的消極心態，且已司空見慣、習以為常，以至於機場與碼頭亂象叢生，未見改善。當然，就空運言，機場硬體建設與助導航系統改善、擴建或更新，權屬中央政府，但是，在現有條件下，公部門與業者仍然還有很大改善空間，關鍵在於能否主動發掘問題、拿出辦法、解決問題，以減少旅客的埋怨。

　　例如，因為濃霧致機場關閉停飛，赴台旅客受阻滯留，次日各航班機位一票難求，大清早旅客人潮爆滿，各航空公司櫃台辦理報到、補位及托運行李之旅客擠滿大廳、犬牙交錯、亂成一團，卻無人聞

問，這種秩序大亂的現象，如機場各相關部門與業者視若無睹，就是旅客最為詬病的因素，因此，民航局金門航空站、航警所與各航空業者，都有義務負起改善的責任。

改善亂象須要找出亂源，目前各航空公司報到旅客與補位旅客在同一櫃台作業，於正常情況下作業自是無礙，如遇停飛班次增加，其後旅客人數累積遞增，在機位難求而旅客歸心似箭情況下，必然心浮氣躁，稍有不滿便怨聲載道，甚至引發口舌之爭及非理性行為，即成亂源。就補位機制言，各航空公司均採當天早上開放登記手續，如遇前一日停飛，排隊旅客眾多，即發生前述報到、補位、行李托運者交錯推擠現象。所以從旅客分流的角度來看，要解決這種亂象，報到櫃台與補位櫃台應有所區隔，妥採改善措施。基此，金門航空站基於機場主管單位的立場，自應設法予以解決；各航空業者亦應本於以客為尊的服務態度，面對問題，妥為處理。譬如，當天滯留機場旅客，是否可依其意願，先行給予次日補位登記，以排除前述亂象；甚至援引年節期間統一補位機制等，都是解決問題的一種思維，有賴主事者與業界予以重視，並擬定因應作法，提出完整配套措施。

公部門與航運業者對於公眾事務，應該具備預判情勢、發現問題、處理問題的基本能力。金門機場空間固然不足，但是，在現有條件下，如何避免霧季期間因機場關閉、飛機停航所造成之亂象，有賴公部門與各航空業者共同努力，殷望航空站管理單位及業者以強化機場管理，提升服務品質的立場，從旅客分流的角度，在空間調整運用方面，用腦筋、想辦法、妥規劃、動手做，從改善機場亂象做起。

勞動節的省思

　　今天是五一勞動節,在這個屬於勞工朋友的特殊日子,我們以歡愉的心情祝福他(她)們節日快樂,高高興興的度過美好假期。

　　今年勞動節,金酒公司黃鴻時先生獲全國模範勞工之殊榮;自來水廠鄭蘭妮小姐當選全國總工會模範勞工,分別赴台接受表揚,值得慶賀!同時,金門地區亦選出模範勞工計邵國運等三十六人,將於慶祝勞動節大會中接受李炷烽縣長頒獎表揚。這三十八位來自各行各業的模範勞工,都是在他(她)們的專業領域中兢兢業業,積極任事,貢獻卓越的傑出菁英,藉此申賀,並對勞工朋友們再說一聲:勞動節快樂!

　　勞動節的誕生,是近代勞工運動史上的大事,是勞動階層的覺醒,為自己的權益艱苦奮鬥的表徵。勞動節的由來,源於西元一八八四年十月七日,美國工人感於每日工作時間過長,發起工作八小時,教育八小時,休息八小時之「三八制」抗爭運動。繼而在一八八六年五月一日由芝加哥工人舉行盛大的罷工抗議活動,雖不幸釀成流血事件,然工人維權運動持續發展,美國資本家終於妥協,同意推行「三八制」,英、法等國工人聞風,相繼響應。直到一八八九年在巴黎召開國際勞工第一次大會,通過「勞動法案」,並決定每年五月一日為「國際勞動節」,或稱「五一勞動節」,簡稱「勞動節」。

　　我國勞工運動始於民國八年,當時參加國際勞工組織,援用五月一日為勞動節。政府遷台以後,一九八四年八月,勞基法開始實施,

一九八七年七月十五日政府宣佈解嚴、八月一日行政院勞委會成立,
社會各界以勞工階級為訴求對象的大小政黨或工人組織如:工黨、勞
動黨、勞權會、勞支會、自主工會、勞工聯盟等等如雨後春筍般陸續
成立,台灣地區勞工運動進入蓬勃發展時期。當時,民進黨串聯勞工
團體走上街頭抗議,累積了社會運動豐沛的政治資源,獲得可觀的
政治利益。此一時期,勞工權益意識抬頭,甚至連國營事業員工都積
極參與,經典之作是一九八八年台鐵員工配合五一國際勞動節進行
一四〇〇名火車駕駛人罷工事件,轟動一時。

　　國家推動經濟發展必須兼顧各方利益,保障勞工權益是政府施
政重要的一環。我國勞工事務主管機關為行政院勞工委員會,成立
二十餘年來,本於維護勞工權益之職責,受到勞工運動之催化以及
民意機構之督促,在保障勞工權益的相關法令規章計有「勞動基準
法及其施行細則」等十六項,對於健全工會組織,改善勞工生活,保
障勞工權益,增進勞工福利,辦理勞工保險等各項措施,逐步趨於完
善,具有相當成效,然有不足處,應當隨著社會的變遷而有所調整及
改善。

　　從國際勞工運動發展的脈絡觀察,勞動條件良窳與勞資互動關
係影響國家經濟發展至鉅。所以,勞工運動如果過於頻繁且激烈演
出,導致勞資關係受損,破壞投資環境,勢將戕害國家整體經濟發
展,因此,勞方如何在要求改善勞動條件的同時兼顧資方的經營利
益,謀求勞資和諧,使雙方共同為經濟願景打拚,是推動工運人士與
捍衛勞工權益者應該省思的重要課題;尤其當此經濟景氣持續低迷
不振之際,政府及勞資雙方必須構思共創三贏之局,這是紀念勞動
節應有的新思維。

慎終追遠崇德感恩

今天是清明節,同時也是一年一度的婦幼節,欣逢二節同日,意義非凡。在慎終追遠、思親感恩之際,謹祝福所有婦女鄉親和小朋友們佳節快樂,家庭幸福美滿。

四月四日是國際兒童節,我國早於民國二十年就將該日訂為兒童節,兒童放假一天;而後緣於現代社會婦女就業人口增加,政府為顧及兒童放假在家乏人照顧,特將三月八日的婦女節與之合併為婦幼節。但是,隨著政府實施週休二日制,減併國定假日,因此,如今婦幼節只慶祝,不放假,今年因清明節放假一天,所以同沾其光。

雖然兩個節日已合併為婦幼節,但是,地區各界仍極為重視原有的婦女節和兒童節,因此每逢這兩個節日來臨前夕,政府及民間都分別舉辦慶祝或表揚活動。今年亦不例外,縣府於三月八日假縣立體育館舉行慶祝九十七年婦女節表揚大會活動,李炷烽縣長在會中頒獎表揚二十三位模範婦女,並向婦女鄉親賀節,肯定婦女們對家庭和社會的貢獻;本報於當日亦以「論婦女節的時代意義」之社論為賀。另者,兒童節前夕,縣府及各鄉鎮公所與民間團體,連日來均分別舉辦活動,表揚模範兒童,並提前向小朋友賀節。凡此,都是重視婦女與兒童權益的具體表現。

關於清明節,是我國民間極為重視的傳統節日。清明是二十四節氣之一,時在農曆三月上半月;「淮南子‧天文訓」謂:「春分後十五日,斗指乙,則清明風至。」又「月令二十七候集解」謂:「物至此時,

皆以潔齊而清明矣。」說明春分後十五天為清明節，陽曆為四月五日左右。是日有傳統禁火、掃墓、踏青、盪鞦韆、打馬球、插柳枝、放風箏等一系列的民俗活動。至於掃墓禮俗的由來，有許多說法，相傳起於秦漢之時，至唐玄宗開元二十年(西元七三二年)下詔「士庶之家，宜許上墓，編入五禮，永為常式。」自此，清明掃墓成為重要的風俗習尚，相沿至今，所以國民政府在民國二十四年明定清明節為民族掃墓節。

清明掃墓的習俗，具有慎終追遠，民德歸厚的傳統精神。在掃墓、祭祖活動中，藉由長輩講述先人建家立業的功德與過往，讓兒孫輩產生懷念和感謝先人餘蔭之情，激發崇德感恩之心；進而勉勵後人循正道、守公義，不做違背天理良心的事，達到端正人心，使風俗淳厚的理想境界。

今天各鄉鎮公墓將湧現掃墓人潮，掃墓時祭拜、掛紙、焚燒紙錢，為習俗之必然，難以避免，因此，連日來，消防局及相關單位持續加強防火宣導，籲請民眾在掃墓期間特別注意安全，共同努力以減少火警災害的發生。同時，縣公共車船管理處也提出3號公車加繞殯葬所的便民措施。因此，我們希望民眾共同配合提高防火警覺及維護環境清潔，善加利用大眾運輸工具，平安順利地完成對先人的追思與祭祀活動。

家庭是社會安定的基石，婦女則是家庭的重要支柱；兒童是國家的未來主人翁，所以我們認為婦女與兒童在傳承民族命脈與傳統文化都居於重要地位。因此，在這個慎終追遠的特殊日子與崇德感恩的重要時刻，我們在緬懷祖德的同時，也要再一次向所有婦女鄉親及小朋友們獻上深深的祝福。

這樣子公平嗎？

連續幾篇談到官場送禮陋習與軍中送禮做公關的雜文刊出後，某昔日軍中袍澤看了拙作，說我有幾段寫得太露骨，雖然沒有指名道姓，但人物呼之欲出，乃回曰：絕對真人真事，請勿對號入座。另有民間老同學質疑，軍人予人正氣凜然之印象，國軍強調奉公守法、紀律嚴明，豈會如此黑暗，真有如此不堪、目無法紀的事？回曰：世界之大無奇不有，社會各個角落或行行業業，有其光明面，亦有其陰暗面，所寫乃軍中所見一二壞風氣與怪現象，但是總的來說，十之八九的軍人都是正正派派做人，實實在在做事，靠自己真本領硬功夫打出自己的一片天，然而自己的努力之外，有時還得靠點機運，最好是正逢其時。

話說國軍人事制度，白紙黑字，表面上講的頭頭是道，絕對公平、公正、公開，事實上，有些時候並非如此。就如當年郝柏村於參謀總長任內，推動一項重要人事政策，明文規定戰鬥官科及戰鬥勤務官科軍官調佔少將缺之必備條件之一是要有戰爭學院（以下簡稱戰院）的學歷，這下子，嚇壞了一缸子沒有戰院學資的人，於是各兵科大顯神通，挖空心思，想辦法能拖就拖，以政戰體系為例，當時長官要提拔的人，大多數沒有戰院學資，有戰院學資符合晉升條件者，又大多不是長官想讓他升的人，因此，找來人事部門主管（一位沒有戰院

學歷的少將）要他想辦法，所謂「上有政策，下有對策」，乃陳述了一大簍筐理由，要求政戰官科者分期程、定比例執行，專簽上去，郝柏村居然也准了，當年具有學歷者紛表不平，但在人屋簷下，也只得忍氣吞聲。

軍中有一批「皮包族」，就如天之驕子，所謂「皮包族」就是幫長官提皮包的跟班（侍從官）、辦公室主任（秘書）、行政官（幫忙搞公關或私領域的事務），國軍將校中有很大比例是由這個「族群」出身者，這些人的特點是基本素養不差，人的外表長相要能與長官相匹配，而且要機伶、乖巧、聽話、反應靈敏，忠於主子、口風緊，只要做得夠專業，讓主子視為心腹，前途必然無可限量，既使不符升官條件，主子都會為你想辦法解套。昔有某司令，對其辦公室一位中校參謀「愛不釋手」，但在軍中講求學經歷，他必須去歷練營長職務才有晉升上一階的條件與機會，又擔心留久留成仇，乃在一個下級單位「寄缺」混經歷，所以營長這個職務，他只有在報到佈達命令及離職辦理移交時在場，豈不可笑！其實並不可笑，那是三十幾年前的陳年往事，比較新版的是阿扁當家時，把一位上校武官派去花東司令部佔少將缺，人卻在總統府上班，新聞還炒了一陣子呢！但是，大凡這類敢於破壞制度都會挺你到底的長官，有時會被認為是有情有義又念舊的好長官，而被提攜照顧者，大都也會捨命相隨。

不按制度、不遵守法令規章辦事者，只有手握權柄者才有此能耐，例子不勝枚舉，在國軍體制內，軍官、士官是兩條線發展，軍官與士官的關係，有人用醫生與護士的關係來作比喻，所以，軍官不可能去當士官，士官也不可能升上軍官（除非再去投考軍官班次重新任

官），但是，空軍在民國五十年代中期，曾有一任總司令，某次巡視部隊，遇見他多年前一位甚為得力的舊屬，時任某警衛連的士官長，他回到總部以後，即指示人事部門，將該警衛連長升調他處，並逕將那位士官長升任為該連的上尉連長，這種荒腔走板的演出，恍如民初軍閥般的無法無天，但在那個年代卻也沒人敢勇於舉發。時移勢轉，如今號稱民主，強調軍隊國家化，但是，在阿扁執政時期，不也有位中將在退伍離營餐會上，突然奉召晉見關鍵人士，並註銷其退伍令，破例拔擢升任上將，直可與那位總司令的大作相輝映。

握有權柄者才具有胡作非為、搞特權的機會，也是搞特權的高危險群，但是，這些會搞特權的人是否想過，你用特權給了這個人機會，卻因此讓更好的人少了一個機會，這樣公平嗎？

國家圖書館出版品預行編目資料

翻轉中的金門 / 施志勝 --初版--
臺北市：博客思出版事業網：2011.7

ISBN：978-986-6589-38-6（平裝）

1. 區域研究 2. 兩岸關係 3. 福建省金門縣
673.19/205   100011606

當代觀察 1

翻轉中的金門

作　　者：施志勝
美　　編：林育雯
封面設計：小龍
執行編輯：張加君
出 版 者：博客思出版事業網
地　　址：台北市中正區重慶南路1段121號8樓之14
電　　話：（02）2331-1675　傳　真：（02）2382-6225
贊助出版：金門縣文化局
地　　址：893金門縣金城鎮環島北路66號
網　　址：http://www.kmccc.edu.tw
電　　話：(082)328-638
傳　　真：(082)320-431
E—MAIL：books5w@gmail.com或books5w@yahoo.com.tw
網路書店：http://store.pchome.com.tw/yesbooks/
　　　　　博客來網路書店、華文網路書店、三民書局
總 經 銷：成信文化事業股份有限公司
劃撥戶名：蘭臺出版社 帳號：18995335
香港代理：香港聯合零售有限公司
地　　址：香港新界大蒲汀麗路36號中華商務印刷大樓
　　　　　C&C Building, 36,Ting, Lai, Road, Tai,Po, New,Territories
電　　話：(852)2150-2100　傳真：(852)2356-0735
出版日期：2011年7月 初版
定　　價：新臺幣280元整（平裝）
ISBN：978-986-6589-38-6
行政院新聞局登記證局版台業宇第0105號